다양한 몸과 생각의 공존을 위한 이야기
장애, 이해하고 있다는 오해

Demystifying Disability
What to Know, What to Say, and How to Be an Ally

DEMYSTIFYING DISABILITY
: What to Know, What to Say, and How to Be an Ally

Copyright © 2021 by Emily Ladau

All rights reserved including the right of reproduction in whole or in part in any form. This Korean edition was published by ERICK Press in 2025 by arrangement with Ten Speed Press, an imprint of Random House, a division of Penguin Random House LLC through KCC(Korea Copyright Center Inc.), Seoul.

이 책은 (주)한국저작권센터(KCC)를 통한 저작권자와의 독점계약으로 〈교육을바꾸는책〉에서 출간되었습니다. 저작권법에 의해 한국 내에서 보호받는 저작물이므로 무단전재와 복제를 금합니다.

다양한 몸과 생각의 공존을 위한 이야기

장애, 이해하고 있다는 오해

에밀리 라다우 지음

이영주 옮김

옮긴이의 말

쉽지 않은 작업이었다.

외국어 원문의 뉘앙스와 맥락상의 의미를 정확히 살리면서도 쉽고 자연스럽게 읽히는 적절한 한국어로 옮기는, '번역'이라는 일의 근본적인 어려움 때문만은 아니었다. 종종 마음이 심란해지거나 고통스러웠고, 울컥하기도, 결연해지기도……그렇게, 번역하는 내내 마음의 움직임이 좀 유난스러웠다. 돌아보니 책에 대한 일종의 '사명감' 때문이었던 듯하다. 나는 어느새 간절히 바라고 있었다. 이 책이 누군가에게 선택되어 읽히고 그 마음에 반향을 불러일으키고 그리하여 또 다른 사람들에게로 멀리 널리 공명되기를.

이 책의 저자가 내 자식같이 느껴졌다. 애지중지 기른, 남다른 어려운 조건을 지닌 내 아이가 어느덧 어른이 되어, 품은 뜻이 있어 그것을 세상에 전해 보겠다고, 세상을 좀 더 나은 곳으로 만들어 보겠다고, 단상에 올라가 목청껏 무엇인가 외칠 때 청중석에서 바라보고 있는 부모의 마음이랄까. '아, 저자의 메시지가 잘 전달되어야 할 텐데, 이런 부분은 독자들에게 공감되기 어려울 것 같은데, 좀 더 설득력 있는 예를 들면 좋았을 텐데, 이런 표현은 오해될 수도 있을 것 같은데 어쩌나…….' 책의 핵심적인 메시지에 공감할수록 세세한 어떤 점들이 마음에 걸려 전전긍긍하기도 했다.

내친김에 고백해야겠다. 나는 중증 발달장애인 아들의 엄마이다. 아이를 키우면서 겪어온 일들, 묻어둔 고민들이 번역 도중 자꾸 떠올랐다. 많이 힘들어했고 두려움에 사로잡혔고 절망하기도 했던 기억들이 있다. 내 아이의 장애가 아니었다면 결코 몰랐을 것들을 깨달아 가며, 아픈 만큼 성숙해지기도 했을 것이다. 하지만 역시 사람은 죽는 날까지 배워야 하는 것인가 보다. 저자의 표현대로 '우리에겐 가야 할 먼 길'이 있고, 내게도 배워야 할 것들이 아주 많이 남아 있었다. 장애 인권 운동의 역사, 비장애중심주의, 접근성 문제, 미디어 속의 장애에 대한 편견 등, 미처 몰랐던 중요한 사실들과 귀한 통찰들을 이 책을 통해 처음 알게 되었고 깊이 생각해 보는 계기가 되었다.

저자 에밀리 라다우는 라슨증후군이라는 선천적인 유전자 이상으로 인해 걷지 못하고, 청각 기능과 관절, 근육에 장애가 있다. 내게는 마치 부모의 걱정이 무색하게 잘 자란, 부모 자신을 부끄럽게 돌아보게 만드는 대견한 자식처럼 느껴지던 그녀는 국제적인 명성을 쌓아가고 있는 장애 인권 운동가다. 연설과 기고, 저술, 장애 이슈 팟캐스트 호스팅, 장애 관련 단체들에 컨설팅 서비스를 제공하는 사업체 운영 등 그야말로 맹활약 중이다.

저자는 말한다. 장애는 결코 비극이거나(혹은 비극을 극복해 내는 감동 스토리거나), 열등함이거나, 부끄럽거나 무가치한 것이 아니라고. 그저 '인간 존재의 한 양상'이자, '삶의 경험의 자연스러운 일부분', '끊임없이 진화하는 경험', '독창적인 삶의 방식'이라고. 장애가 있는 몸으로 살아온 평생의 시간들 후 내려진 결론이기에 더 묵직하게 다가온 이러한 말들 앞에서 나는 자못 놀랐다. 눈이 뜨이고 귀가 열리는, 장애 자녀의 엄마로서 나도 모르는 새 내면화된 위축과, 두려움, 무력감을 일소시켜 주는 위력의 언어였다. 장애가 있다고 해도 인간으로서의 본질에는 아무런 손상도 차이도 없음을 확신하는 그녀의 자신감과 더 나은 세상을 만들고자 하는 올곧은 의지에 탄복했다. 그리고 장애인과 비장애인 모두에게 완전히 접근 가능한 세상을 만들고자 한다면, 우선 장애인의 경험과 생각을 비장애인에게 접근 가능하도록 열고 나누어야 한다는 저자의 행동 철학을 나도 차용하리라 생각하기에 이르렀다. 내 안의 무기력을 떨치고 계속 배워나가기로, 그녀처럼 행동해 가기로 말이다.

장애인의 동지가 되고자 하는 비장애인뿐 아니라 장애인 자신과 가족들도 이 책을 읽으면 정말 기쁘겠다. 비장애중심주의가 만연한 세상 속에서 살아가는 비장애인들에게는 미처 몰랐던 자신의 편견과 오해를 깨닫고 변화하는 계기가, 상처받고 위축되기 쉬운 장애인들에게는 자신을 추스르며 더욱 단단해지는 계기가 되어 주리라 믿고, 또 바란다.

옮긴이 이영주

"장애가 있든 없든
꼭 읽어야 할 책."

**주디스 휴먼, 세계장애인기구 설립에
기여한 장애 인권 운동가**

"장애에 대한 최고의
입문서이자 가이드이다.
장애와 비장애중심주의에 대해
더 깊이 알고 싶은 독자에게
이 책을 적극 추천하고 싶다."

**하벤 기르마, 청각장애인으로 하버드 로스쿨을 졸업한
인권운동가이자 변호사**

"모든 장애가 눈에 보이는 것은 아니다.
장애가 인간의 삶에 어떤 영향을
미칠 수 있는지 알고 싶다면
이 책은 좋은 시작점이 될 것이다."

아마존 독자 리뷰 중에서

차례

	옮긴이의 말	4

	들어가며		10
1장	장애란 무엇인가		18
2장	장애, 한 인간의 일부분		44
3장	장애 인권 운동의 역사		62
4장	비장애중심주의와 접근성		98
5장	장애를 대하는 예의		122
6장	미디어 속의 장애		166
	맺으며		196

	참고자료	209
	장애를 표현하는 용어	213
	찾아보기	214

들어가며

10억. 전 세계 장애인 인구를 나타내는 숫자다. 장애인은 사실상 세계에서 가장 거대한 소수자 집단이라 할 수 있다. 이런 통계를 감안하면 이 책은 당신에게도 적합할 확률이 높을 것이다. 그렇다면 이야기 범위를 조금만 더 좁혀 보겠다. 잠깐 다음 질문에 답해 보자.

- 장애에 관해 이야기하려다 사용할 단어가 막혀서 당황한 적이 있는지?
- 휠체어를 탄 사람을 보고 당신의 아이가 "저 사람은 뭐가 잘못된 건가요?" 물었을 때 "쉿!" 하고 목소리를 낮추게 한 적이 있는지?
- 대중 매체에 나오는 장애인의 이야기에 감동받아 다른 사람들에게 이야기한 적이 있는지?
- 혹시 자신의 삶에 대해 좀 더 나은 기분을 느끼기 위해서 장애가 있는 사람과 자신을 비교해 본 적이 있는지?

위 질문 중 어느 것이든 '그렇다'고 대답했어도 괜찮다. 비판하려는 게 아니다. 다만 이 책을 통해서 무언가 배울 수 있기를, 그리고 평소 궁금했지만 물어도 괜찮을지 몰라 망설이던 질문들에 대한 답을 찾기를 바랄 뿐이다.

'장애'라는 단어를 입에 올리는 것만으로도 불편해하는 이들이 적지 않다. 장애라는 단어에서 연상되는 두려움, 혼란, 그리고 끝없는 오해 때문이 아닐까. 세상에는 장애에 대한 편견을 인식하지 못하고 살아가는 사람이 너무나 많다. 이런 사람들이 느끼는 감정이나 생각을 바꾸자면 넘어야 할 산이 한두 개가 아니다. 나는 최소한 비장애인이 장애인을 두고 '소중히 보호하고 감싸안아야 할 존재' 또는 '나와는 완전히 다른 외계 생명체' 사이의 혼합 정도로 취급하는 것만이라도 멈추게 해야 한다고 믿고, 그 일에 열심인 수많은 장애인 가운데 하나이다.

이쯤에서 내 이야기를 잠깐 하자면 나 역시 여러 가지 장애를 갖고 있다. 신체장애, 청각장애, 정신건강장애가 있고 관절 및 근육에 장애를 겪는 라슨증후군(Larsen syndrome, LS)을 갖고 태어나 휠체어를 사용 중이다. 이 병은 같은 병을 가진 어머니 엘렌으로부터 유전된 것이다. 두 사람 모두 같은 병을 가진 것이 비극이라고 생각할지 모르겠지만 우리는 그렇지 않다. 가족 중에 나를 온전히 이해해 주는 사람이 있다는 건 꽤 괜찮은 일이기도 하다. 물론 어머니가 항상 이렇게 생각하시는 건 아니겠지만 말이다. 아기를 갖기로 결정하고 의사를 찾았을 때 의사는 어머니의 장애가 아기에게 유전되지 않을 거라고 안심시켰다. 하지만 임신 중 나온 초음파 사진은 달랐다. 어머니는 죄책감에 휩싸였고 아이가 부모를 원망할 것을 염려하며 힘들어했다. 나는 지금 어머니를 원망하지 않지만, 어머니가 왜 그렇게 걱정하셨는지는 충분히 이해한다. 어머니가 어린 시절에 겪었던 세상은 지금보다도 훨씬 더 장애인에게 불친절했을 테니까. 내가 어렸을 때, 한번은 어떤 여자가 나를 빤히 쳐다보더니 이렇게 말하는 것이었다. "저것 좀 봐. 쟤 엄마가 자기 아이한테 무슨 짓을 했는지 말야." 그 무례한 말은 어머니에게 평생 씻을 수 없는 상처를 남겼을 것이다.

그럼에도 불구하고 세상은 이전과 많이 달라진 듯하다. 예전보다 장애를 좀 더 많이 수용하고 이해하려는 바람직한 방향으로 변화하고 있다. 하지만 이 세상을 장애인과 비장애인 모두가 평등하게 접근하고 참여하는 포용적인 공간으로 만들기 위해서는 여전히 더 배워야 할 것, 해야 할 일이 많다. 이 모든 일의 밑바탕을 이루는 나만의 철학이 있다. 모든 장애인이 바라는 세상, 즉 장애인이 완전하게 접근할 수 있는 세상을 만드는 것 못지않게 중요한 것은, 모든 비장애인이 장애인의 생각과 경험에 접근할 수 있도록 만드는 일이라는 것이다. 만일 우리 장애인들이 우리의 생각과 이야기를 꺼내 놓기를 꺼린다면 어떻게 장애에 대한 이해와 공감을 기대할 수 있겠는가.

나의 이런 생각에 모든 장애인이 언제나 동의하는 것은 아니다. 나 또한 이 사실을 안다. 일상생활 속에서 장애인들이 경험하는 미묘한 차이와 의미를 알려 주는 일은 예상보다 꽤 품이드는 작업이다. 사람들이 이를 알고 싶어 하지 않거나 거부할 때는 감정적 대가를 치러야 할 수도 있다. 이런 이유로 장애에 대해 알리고 공유하기를 꺼리는 것은 충분히 이해할 수 있다. 장애인들도 그저 자신의 삶을 살고 싶을 뿐이니까.

하지만 현실은 어떠한가. 세상 속으로 나아갈 때, 무심히 소셜 미디어 속을 이리저리 돌아다니고 있을 때 곳곳에서 장애인에 대한 차별적 편견, 고정관념, 낙인, 차별을 발견하고 나는 극도로 긴장하게 된다. 지금부터라도 최대한 솔직하고 성실하게 장애에 관한 정보를 안내하고 토론의 주제를 세상에 제공하는 것이 필요하지 않을까.

나는 우리 장애인 커뮤니티가 먼저 나서서 이 역할을 맡아야 한다고 생각한다. 이는 또한 이전의 장애 운동가들이 이루어 낸 진전의 방법이기도 하다. 만약 이 책을 읽은 독자 중 누구라도 장애를 비하하거나 모욕하지 않게 되고, 정치인들에게 장애인 이슈의 해결을 요구하고, 자기 가게 앞에 휠체어를 위한 경사로를 설치한다면 우리는 올바른 방향으로 잘 가는 중이라고 자신하며 말할 수 있을 것이다.

기말고사 같은 건 없으니 안심하시길

이 책은 장애에 대해 이해하고 공감하며 장애인과 함께하고자 하는 모든 이를 위한 기초 입문서이다. 장애에 관한 참고서로, 자료로, 논의의 출발점으로, 혹은 토론의 물꼬로 활용되기를 바란다. 하지만 결코 장애에 관한 교과서나 백과사전이 아니라는 사실을 강조하고 싶다. 나는 학자도 아니거니와 이 책의 내용을 가지고 문제를 출제할 생각도 없다. 다만 독자들이 이 책으로부터 배운 것을 현실 속 대화나 상황에 적용해 주길 바랄 뿐이다. 처음 읽었을 때 책 속의 말들이 잘 이해되지 않더라도 괜찮다. 최근 본 영화 속에서 장애를 제대로 다룬 것인지 아닌지 판단하기 어렵더라도 좋다. 우리는 통과와 낙제를 가르는 교과과정을 거치는 중이 아니다. 중요한 것은 이 책을 읽는 목적이다. 장애인에게 착한 일을 해 주고 친절하게 대한 상으로 별 스티커를 받기 위해 이 책을 읽는 사람은 없었으면 한다. 장애가 있는 사람들을 포용하고 지원하기 위해 성인군자가 될 필요는 없다. 그저 이 책은 지금까지 겪어 보지 못한 경험에 대해 이해하고 배우는 일이고 앞으로 계속될 과정이라 생각해 주면 좋겠다. 자신에게 너무 엄격하지 않아도 된다.

장애의 양상은 저마다 다르다

이 책의 특정 시점에서 나는 장애인 공동체를 가리키는 말로 '커뮤니티'라는 용어를 사용하려 한다. 장애인 각각의 고유하고도 다양한 양상을 무시하려는 것도, 두루뭉술하게 취급하려는 어떤 의도도 없다는 걸 꼭 알아주길 바란다. 장애 경험은 사람마다 다르고 이 책이 장애가 있는 모든 사람을 대표할 수도 없다. 우리 모두는 각기 다른 사람이고 사람의 생각과 경험은 모두 다르다. 장애 형태는 무한히 다양하게 나타나며 같은 진단명을 가진 사람들조차 똑같은 경험을 하는 것이 아니다.

우리 가족이 전형적인 예가 될 것이다. 어머니와 나, 그리고 조나단 삼촌은 똑같은 유전적 장애가 있다. 우리 셋의 몸은 어떤 면에서 보면 정말 비슷하다. 셋 다 키가 150센티미터가 안 되고, 엄지손가락 끝은 주걱처럼 둥근 데다 팔꿈치는 항상 구부러져 있다. 그리고 청각 기능을 상실했다. 하지만 다른 점도 있다. 어머니와 나는 둘 다 입천장이 갈라진 구개파열(cleft palate)을 갖고 있지만 삼촌은 그렇지 않다. 삼촌과 어머니는 걸을 수 있지만 나는 걷지 못한다. 이렇게 같은 유전자와 장애를 공유하면서도 장애 경험은 똑같지 않다.

장애인 한 사람을 알게 되었다고 해서 모든 장애인을 다 아는 것처럼 여기지 말라. 그는 그저 한 명의 장애인에 불과하다.

어떤 장애가 있는 사람은 그 장애에 관한 한 전문가라고 할 수 있겠지만, 그가 겪은 장애 경험은 자신에게만 속하는 것이다. 이 책도 마찬가지로 장애에 관한 수많은 책 가운데 하나일 뿐이다. 다양한 주제와 관점, 경험을 다루려는 목표를 갖고 있으나, 내가 세상을 바라보는 렌즈는 명백히 '신체장애인'의 것이다. 이 점을 꼭 기억해 주길 바란다.

세상에는 장애에 관한 수많은 언어와 지혜가 있다. 독자의 여정이 어디에 있든, 이 책이 독자가 읽는 첫 번째 책이든 백 번째 책이든, 계속 읽고 계속 배우고 계속 나아가기를 응원한다.

1장
장애란 무엇인가

장애는 역경에 맞서는 투쟁이나 용기가 아니라
삶의 기술 중 하나이자 독창적인 삶의 방식이다.

닐 마르쿠스(Neil Marcus, 배우이자 극작가)

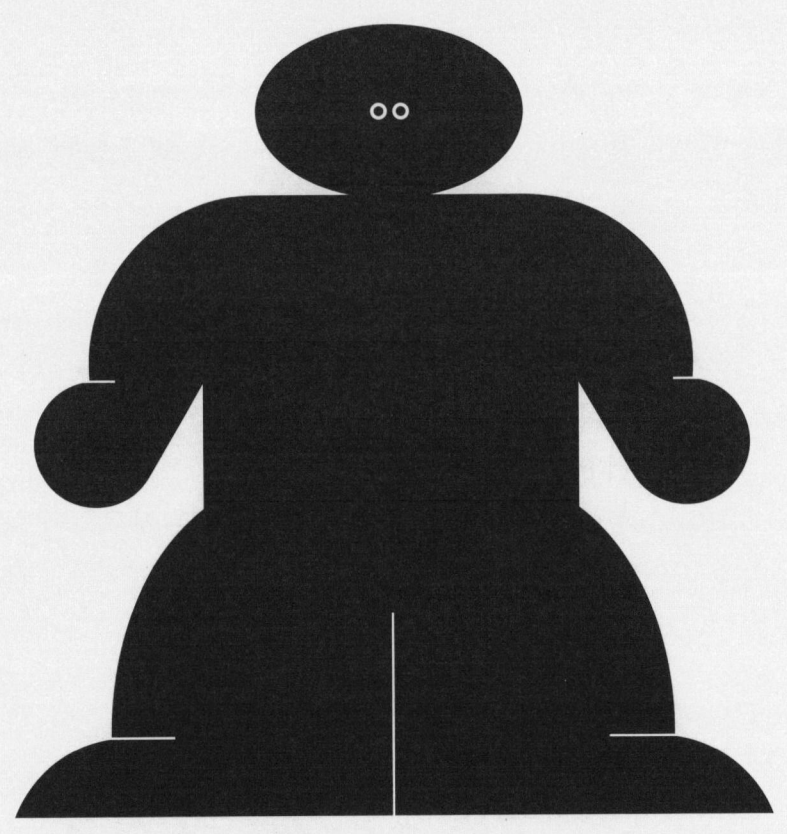

장애. 이 말은 어떤 느낌을 주는가? 들었을 때 무엇이 떠오르는가? 대체 이 말은 무슨 뜻인가?

어머니는 어디서부터 이야기를 시작해야 좋을지 모를 때는 사전이 좋은 출발점이 될 거라고 말씀하시곤 했다. 여기 웹스터 사전의 정의가 있다.

> 장애: 신체적, 정신적, 인지적 또는 발달상의 조건으로서 흔히 한 사람이 일상적인 활동 또는 다른 사람과의 상호작용에 있어서 특정 작업이나 행동에 참여하려고 할 때 그것을 저해, 간섭, 제한하기 마련인 조건

주요 장애인 관련 법령에 나와 있는 다른 정의도 있다. 예를 들면 미국장애인법(Americans with Disabilities Act, ADA)에서는 다음과 같이 정의하고 있다.

> '장애'란 개인에 대하여,
> (A) 그 개인의 한 가지 이상의 주요 생명 활동을 실질적으로 제한하는 신체적 또는 정신적 손상
> (B) 그러한 손상의 기록
> (C) 또는 그러한 손상을 가졌다고 간주되는 것

두 가지 정의 모두 상당히 직설적이면서도 그 중심은 어떤 사람이 '무엇을 할 수 있고 없는지'에 있다. 이것이 장애에 대해 흔히 생각하는 방식이다. 하지만 장애를 '무엇을 할 수 없음'으로 협소하게 본 정의 외에도 여러 다른 정의가 얼마든지 있다. 그렇다. 더 크게 생각할 필요가 있는 것이다. 그러면 나는 장애에 대해 어떻게 정의하고 있을까? 수년간 장애를 지닌 몸으로 살아오면서 나는 장애가 '인간 존재의 한 양상이자 삶의 경험에서 자연스러운 일부분'이라고 정의하게 되었다. 하지만 나 역시 장애인 중 한 사람일 뿐이므로 다른 장애인들에게도 질문해 보았다. 당신들 각자에게 장애란 무엇을 의미하는지 들려달라고.

> 장애는 고정되어 있는 것이 아니에요. 그것은 진화합니다. 신체적으로나 감정적으로나. ―엘렌(Ellen, 나의 어머니)

> 장애는 내가 가진 여러 가지 사회적 정체성 중 하나입니다. 또 동시에 기능적인 제약을 가지고 있는 것이기도 하지요. ―카라 리보위츠(Cara Liebowitz, 작가 및 장애 활동가)

> 장애는 전체적이고 통합적인 경험입니다. 그러니까 전체적이고 통합적인 정의를 내려야만 하지요. 단순히 신체적인 진단명이 아니라 바로 그 진단으로 인해서 개인의 삶에 한계와 장벽이 놓이게 되는 경험입니다.
> ―임마니 바르바린(Imani Barbarin, 작가 및 장애 활동가)

청각장애인으로서 나는 난청을 너른 범위의 스펙트럼으로 생각합니다. 그 범위 안에서 한 개인의 정체성과 삶의 경험을 규정하지요. 즉 청각장애란, 그리고 더 넓게 장애란, 손상이기보다는 차이에 대한 억압입니다.
―재프리 버디(Jaipreet Virdi, 델라웨어 대학 조교수)

예전에는 장애란 단지 진단명이었습니다. 다행히 시간이 지나면서, 선거구, 정체성, 문화와 같은 더 넓은 개념을 포괄하는 개념으로 진화해 왔습니다.
―로렌스 카터 롱(Lawrence Carter-Long, 작가, 예술가)

장애는 사람들이 할 수 없는 무언가가 있다는 것을 의미합니다. 누구든 자기가 바라는 만큼 잘할 수 없는 일이 있기 마련이잖아요. 다만 장애가 있는 사람들은 '장애'라는 꼬리표를 달고 있다는 차이가 존재할 뿐이지요. 하지만 나는 나의 장애를 매우 자랑스럽게 생각합니다. 왜냐하면 그게 바로 나니까요.
―리즈 바인트라우(Liz Weintraub, 노인 장애 전문가)

자, 이제 당신도 알게 되었을 것이다. 장애는 고정된 하나의 의미로 규정되는 용어가 아니라, 자연스럽고 끊임없이 진화하는 인간 경험을 나타내는 크고 광범위한 용어다.

장애를 가리키는 언어

'모두에게 맞는 한 가지 사이즈'라는 말이 있다. 실제로는 거짓말이다. 하지만 이 말은 옷 가게 주인뿐만 아니라 우리 모두에게, 언어적 표현을 넘어 삶의 많은 측면에 적용된다. 장애에 관해 말하고 생각할 수 있는 오직 단 하나의 방법 같은 것이 있다고 생각하는가. 단연코 없다. 하지만 여기에 대해 조금만 더 언급하고 넘어가자. (곧 흥미진진한 이야기가 이어질 것이다.) 장애를 어떻게 말할지 배우는 것은 꽤 중요하다. 어떻게 말하는지에 따라 어떻게 생각하느냐가 좌우되기 때문이다. 또 어떻게 생각하느냐가 어떻게 말하는가를 결정한다.

장애인으로서 자신을 설명하고 정의하는 방식에는 개인적인 선택지들이 있다. 모두에게는 각자 선호하는 방식이 있고, 장애가 있는 사람들 또한 자신의 장애에 대해 저마다 선호하는 방식대로 말할 권리가 당연히 있다. 그런 만큼 다른 사람의 선택이 나와 다르더라도 그 선택을 존중하는 것이 마땅하다. 아무리 강조해도 지나치지 않을 만큼 그렇다. 이를 염두에 두고 지금부터 장애를 가리키는 여러 가지 표현을 살펴보자.

가장 먼저 하고 싶은 말은 '핸디캡handicapped'이란 용어는 이제 정말 그만 써야 한다는 것이다(의도적으로 불리한 조건을 부여한다는 뜻의 말로 장애인을 비하하는 의미로 오랫동안 사용되었음—옮긴이). 이 용어는 시대에 뒤떨어진 데다가 대부분의 장애인이 싫어하는 말이다. 솔직히 소름이 끼칠 지경이다. 오래된 용어는 워낙 끈질기게 사용되는 법이지만 더 나은 용어들이 분명히 있다. 그냥 '장애'라는 말을 써서 사람은 '장애인', 푸른색으로 구분된 주차 공간은 '장애인 주차 구역'이라고 말하는 편이 훨씬 낫다(1960년대 이전까지는 '핸디캡 어린이', '핸디캡 주차 구역', '핸디캡 화장실' 같은 표현을 흔히 사용했음—옮긴이).

이 책에서 나는 '장애인disabled person'이라는 말과 '장애가 있는 사람person with a disability'이라는 두 말 사이를 오가면서 사용하고 있다. 이는 글을 쓰면서 다채롭게 변화를 주려고 한 의도도 있지만 그보다 더 중요한 이유가 있다. 이 두 용어는 장애를 지칭하는 두 가지 방식, 즉 사람우선언어(person-first language, PFL)와 정체성우선언어(Identity-First Language, IFL)를 나타내기 때문이다.

- 사람우선언어(PFL)
말 그대로 '사람'이라는 단어를 우선으로 생각하기에 장애에 대한 어떤 언급이 나오기 전에 '사람'이라는 단어를 먼저 넣는다(영어로 표현할 때 'person with a disability'와 같이 'person'이 먼저 나오는 방식의 표현임을 설명한 말로, 이 책에서는 '장애가 있는 사람'이라고 번역하였음—옮긴이). 이러한 유형의 언어는 장애가 있더라도 한 사람의 인간이라는 점이 더욱 중요하므로 장애가 있다는 점만을 부각해서는 안 된다고 본다. 이러한 관점에 따르면 '장애가 있는 사람person with a disability', '다운증후군이 있는 사람person who has Down syndrome', '휠체어를 사용하는 사람들people who use wheelchairs'로 표현하게 된다. 이러한 논리는 장애란 어떤 사람 자체가 아니라 그 사람이 가지고 있는 '무엇'일 뿐이고, 장애에 대한 언급을 그 사람으로부터 분리함으로써 장애가 있는 사람의 인격을 존중한다는 의미를 담고 있다.

- 정체성우선언어(IFL)

장애를 그 사람이 가진 정체성의 일부로 인정하는 것이다. 따라서 '장애인disabled person', '시각장애인blind person', '자폐인Autistic people' 등과 같이 말할 수 있다. 이 경우 장애는 개인에 대한 설명이나 진단이 아니라 그러한 사람들을 특정한 공동체와 문화, 역사와 연결하는 '정체성'의 하나로 본다.

두 가지 중 어느 것을 선택해도 무방하지만 많은 사람이 둘 중 특정한 하나를 훨씬 더 선호하는 경향이 있다. 나의 경우 장애를 나라는 사람의 일부로 여기기 때문에 정체성우선언어를 선호하는 입장이다. 솔직히 대학에 가기 전까지는 그다지 용어에 예민하지 않았고 진지하게 생각해 보지도 못했다. 그런데 대학에서 강의를 듣던 도중 한 교수가 나를 지목하며 사람우선언어를 선호하는 자신의 입장을 지지해 달라고 한 적이 있다. 얼결에 동의하긴 했지만 뭔가 개운치 않았기에 이후 깊이 생각해 보게 되었다.

사람우선언어는 장애가 있는 사람을 열등하게 바라보는 편견에 대한 반박에서 나왔다. '어딘가 부족한 인간'이 아닌 '똑같은 인간 존재의 하나'라는 걸 명시적으로 상기시키기 위한 것이다. '사람우선언어'라는 말의 등장 자체가 장애인의 권리를 위한 진전의 한 걸음이라고 볼 수 있다. 그러나 나는 장애의 존재를 그 사람으로부터 멀리하여 비인간화하는 것 같아 납득하기 어려웠다. 나를 두고 굳이 '유대인인 사람'이라고 부르겠는가? 사람들은 '유대인'이라고 말할 것이고 나 역시 '유대인'이라고 말할 것이다. 마찬가지로 '양성애자인 사람'보다 그냥 '양성애자'라고 부르는 편이 내게는 낫다. '양성애'는 그 사람의 정체성이며 그 사람을 완성하는 요소의 일부이기 때문이다.

솔직하게 말하면 나는 초기에 정체성우선언어의 전도사를 자처하며 지나치리만큼 엄격하게 굴었다. 사람우선언어를 선호하는 사람들을 이해할 수 없었고 기회가 될 적마다 반박하곤 했다. 그러던 중 우연히 깨달았다. 내가 사람우선언어를 싫어했던 이유와, 그것을 사용하는 장애인 사이에는 아무런 관련이 없다는 것을 말이다. 누구든 자기를 설명할 때 자기에게 맞는 언어를 선택하고 사용할 권리가 있다. 당연한 사실이고 나 역시 그 권리를 존중하는 것도 맞다.

그런데 왜 그렇게 이 문제에 연연했을까. 진짜 문제는 비장애인들이 내게 사람우선언어를 써야 한다느니, 정체성우선언어가 틀렸다느니 하는 것에 지쳤다는 것이다. 내가 나를 '장애인'이라고 언급할 때마다 "자신을 '장애인'이라고 이야기해선 안 돼요." 또는 "나는 당신을 '장애인'으로 생각하지 않아요."라고 반박하는 말을 듣는 것이 정말 싫었다. 물론 자신이 장애로 식별되는 것을 원치 않는 사람들이 있다. 그러나 나는 마치 나의 존재를 부정당하는 느낌이 들 정도였다. 좋은 의도로 이런 말을 한다는 건 안다. 하지만 내가 인간이라는 사실을 받아들이기 위해 일부 사람이 내 존재의 중요한 일부분을 가볍게 보거나 무시하려 한다는 것을 알게 되면 기분이 좋을 리 없다. 그래서 나는 여전히 정체성우선언어를 선호한다. 내가 나를 어떻게 부를지에 대해 누군가 이래라저래라 하는 것이 싫고, 나 또한 다른 사람에게 그 문제를 언급할 필요가 없다는 것도 충분히 이해한다.

정체성우선언어와 사람우선언어, 둘 중 무엇을 선택하느냐에서 옳고 그른 것은 없다. 다만 이 용어들을 사용하는 데 몇 가지 중요하게 고려해야 할 경우가 있다. 지적장애나 발달장애가 있는 사람은 많은 경우 사람우선언어를 의도적으로 사용한다. 장애 이전에 동등한 인간이라는 점을 무엇보다 강조하는 '사람우선운동(People First Movement)'에 뿌리를 두고 있기 때문이다. 즉 장애가 있는 사람도 다른 모든 사람과 마찬가지로 하나의 인격체로 동등하고 완전하게 인정받을 자격이 있고, 사람우선언어를 통해 이를 언어적으로 상기시키는 것이다.

반면 자폐스펙트럼 커뮤니티 내에는 자폐를 자기 정체성의 일부로 인식해 의도적으로 정체성우선언어를 쓰는 사람이 많다. '자폐스펙트럼을 가진 사람person with Autism' 대신 '자폐인Autistic person'이라는 말을 쓰는 것이다. 대문자 A를 쓰는 것은 이들이 더 큰 문화적·사회적 커뮤니티의 일부라는 걸 표현하는 방법이다. 이 책 또한 특별히 소문자 'a'를 사용한 일부 인용문을 제외하고 이를 따르고 있다. 2011년 자폐스펙트럼 활동가인 리디아 X. Z. 브라운은 한 블로그(Autistic Hoya)에서 다음과 같이 설명했다.

> 자폐는 내가 가진 특성이나 상태가 아닙니다. 나라는 존재의 일부입니다. 자폐인이라는 것이 인간으로서 나의 가치, 존엄성, 인격을 훼손하지 않습니다. 내가 가진 정체성의 다른 측면을 약화하는 것도 아닙니다. 나 자신을 포기하거나, 나를 제한하거나, 나를 갉아먹는 어떤 괴물에게 항복하거나, 나 자신을 깎아내리는 것도 아닙니다. 그저 다른 어떤 것들이나 마찬가지일 뿐입니다.

이러한 생각은 청각장애인이나 시각장애인에게서도 볼 수 있다. 소문자로 쓴 'deaf(청각장애)' 'blind(시각장애)'는 신체적인 상태에 초점을 둔 일반적인 표현이지만 일부에서는 문화적 정체성을 나타내는 지표로 소문자 대신 대문자를 써서 'Deaf(**청각장애**)' 'Blind(**시각장애**)'로 표기한다. 'd/Deaf(*청각장애*), b/Blind(*시각장애*), d/Deafblind(*청각시각장애*)'는 이 두 가지 모두를 포괄하는 표현이며 어떤 사람들은 '장애'라는 말을 빼고 쓰기도 한다. 이 책에서 나는 대부분 간단하게 소문자 d와 b로 표기했지만 인용 등에서 특별히 대문자를 써서 표기한 경우 이를 존중해 그대로 썼다.●

마이크로소프트사의 장애인 접근성 관련 최고 책임자인 제니 레이플러리(Jenny Lay-Flurrie)는 두 가지 방식 모두로 자신을 나타낸다고 말했다.

"장애는 인간 존재의 한 부분이자 나의 일부입니다. 저는 자라면서 청력이 저하되었고 지금은 중증 청각장애인입니다. 나는 청각장애인 커뮤니티의 일원으로서 자부심을 가졌고 매일 나의 친구들로부터 많은 것을 배우고 있어요. '청각장애인'이라는 이름표는 나를 나타내는 데 도움을 주지만 이 말로 나를 정의할

● 원문에는 청각장애를 표현한 말로 deaf, Deaf, d/Deaf가 혼용되어 쓰인다. 이 책에서는 '**Deaf**'를 **청각장애** 'd/Deaf'를 '*청각장애*'로 구분하고 시각장애, 청각시각장애 역시 같은 방식으로 표기했다.—편집자

수는 없어요. 나는 제니 레이플러리예요. 그리고 '우연히도' 청각장애인인 겁니다."

자, 이제 조금 더 복잡한 이야기다. 상황에 따라 규칙이 조금 달라질 수 있기 때문이다. 특정 진단에 대해 언급할 때는 정체성우선언어를 쓰는 것이 적절하지 않을 수 있다. '다운증후군인' '근위축증인'과 같은 식으로 표현해서는 안 된다는 것이다. 물론 당사자가 허용한다면 '양극성장애인' '난독증인'이라고 말할 수는 있다. 뭘 써야 할지 혼란스러운 사람들을 위해 간단한 방법을 소개한다. 특별한 언급이 없는 한 사람우선언어를 기본으로 하라는 것이다. 그러면 '난독증을 가진 사람'이라고 말하면 된다. 만약 선호하는 표현 방식이 있는지 질문할 기회가 있다면 먼저 묻는 것이 최선이다. 난독증을 가진 누군가가 자신을 '난독증인'이라고 불러 주기를 바란다면 당연히 그렇게 말하면 된다.

그러나 때와 장소를 가리지 않고 무조건 피해야 할 표현이 있다. 바로 누군가를 이동 수단으로 지칭해, '지팡이 남자'니 '보청기 여자'니 하는 식으로 말하는 것이다. 이것은 사람을 물건과 동일시하여 인간성을 폄하하는 대단히 무례한 표현이다. 이 경우 '지팡이를 사용하는 남자'나 '청력 보조기를 착용한 여자'라고 말하는 것이 간단하고도 무리가 없는 방법이다. 나 역시 '휠체어'라고 불린 적이 여러 번 있다. 휠체어에 앉아 있는 나를 두고 누군가 "휠체어 조심해!" 또는 "휠체어가 먼저 버스에 타야지."

라고 말했다. 한번은 어떤 건물에 들어가는데 뒤에서 경비원이 쫓아오며 "저기, 휠체어! 잠깐!"이라고 소리쳐서 나를 부르기도 했다. 사람을 두고 '휠체어'라고 부르는 것은 정체성우선언어가 아니다. '휠체어 사용자' 또는 '휠체어를 사용하는 사람'이라고 말해야 한다. 사람은 물건이 아니지 않은가.

이왕 휠체어 이야기가 나왔으니 나를 진저리 치게 하는 또 다른 표현에 대해서도 언급하고 싶다. 바로 '휠체어에 구속된', '휠체어에 묶인'이라는 표현이다. 글 자체는 나쁜 내용이 아니지만 휠체어 사용자에 관해 쓰면서 '휠체어에 구속'되었다고 표현하는 기사를 얼마나 많이 읽었는지 셀 수도 없다. 분명히 말하지만 나는 내 휠체어에 구속되었거나 묶여 있는 것이 아니다. 휠체어는 내가 잘 움직일 수 있도록 디자인한 이동 수단일 뿐이다.

자, 갈 길이 너무 멀다고 느껴지는가? 괜찮다. 실수할까 봐 염려스러운 건 지극히 당연한 일이다. 만약 실수했다면 사과하고 앞으로 잘할 수 있도록 노력하면 된다. 여러 번 사과할 필요도, 얼마나 당황스러웠는지 강조할 필요도 없다. 곧 익숙해질 것이다.

그냥 말해도 된다, '장애'라고

이쯤 되면 나의 성향을 짐작할 수 있을 것이다. 나는 장애나 장애인에 대해 완곡 어법, 즉 돌려서 듣기 좋게 바꾸어 말하는 표현법을 그다지 좋아하지 않는 편이다. 장애를 두고 '신체적 도전'이니 '특별한 필요'니 하는 표현을 들어 본 적이 있을 것이다. 그 말들 역시 존중의 의도로 쓰였다는 걸 나도 안다. 하지만 대체 왜 그런 용어를 사용해야 하는지 스스로 물어본 적이 없는지? 혹시 '장애'라는 말이 무례하거나 틀렸다고 배워서 그런 것인가? 아니면 장애라는 단어가 불편하게 느껴지는가?

어쩌면 장애에 대해 부정적으로 생각하도록 사회화되어서 본능적으로 그 단어를 피하는 것일지도 모르겠다. 하지만 생각한 대로 솔직하게 말하는 편이 오히려 낫다. 나만의 생각이 아니고 다른 장애인들도 그렇게 여길 것이다. 아무리 '장애인'이라는 말을 쓰지 않는다고 해서 내가 장애인이 아니게 되는 것도 아니다. 부담을 줄여 보려는 시도로 이리저리 바꾸어 쓴다고 해도 마찬가지다.

정체성우선언어나 사람우선언어에서처럼 이 모든 것은 선택의 문제다. 예를 들어 다운증후군을 가진 열렬한 장애 인권 운동가인 케일라 맥키언(Kayla McKeon)은 자신을 표현할 때 '다르게 유능한'이란 표현을 쓴다. "나는 다르게 유능하다는 말이 좋아요. 내가 할 수 있는 것에 중점을 두는 표현이거든요." 나는 '장애인'이란 말을 더 선호하지만, 맥키언의 선택 또한 존중하며 그녀를 언급할 때는 반드시 그녀가 원하는 표현을 사용한다.

하지만 비장애인들이 우회적으로 장애를 언급하는 표현을 만들어 내는 것은 정말 신경 쓰인다. 그렇게 하지 말고 제발 나를 있는 그대로 '장애인'이라 불러 주었으면 좋겠다. 가능하다면 언제든 당사자들에게 선호하는 용어를 묻는 편이 좋다. "당신을 '장애인'이라고 말해도 괜찮은가요? 아니면 선호하는 다른 용어가 있나요?"라고 묻는 건 어렵지 않으니까. 그러나 질문할 기회가 없고 그 사람의 선호도를 알 수도 없을 때는 그냥 '장애인'이라고 말해도 괜찮다. 그것은 완전히 괜찮은 말이며 나쁜 말이 아니다. 장담한다!

장애를 가리키는 표현

장애를 가리키는 완곡한 표현들이 있다. 좋은 의도를 담고 있긴 하지만 실제로 그다지 효과적이지는 않다. 흔히 사용되는 표현을 살펴보자.

다르게 유능한 Differently abled

어떤 두 사람도 똑같은 일을 똑같은 정도로 잘할 수는 없다. 누구는 노래를 부를 수 있고 누구는 루믹스 큐브를 60초 안에 맞춘다. 누구는 요리를 할 수 있고 누구는 자기 몸을 꽈배기처럼 꼬는 묘기를 부릴 수 있다. 즉 우리 모두가 각자 '다르게 유능한' 것이지 장애인만이 '다르게 유능한' 것은 아니다.

능력 있는 핸디캡 Handi-capable

아직도 이 말을 진지하게 사용하는 사람이 있다면, 부디 그만 쓰기를! (장애를 비하하는 '핸디캡(hadicapped)'이라는 용어를 살짝 비틀어 반대의 뉘앙스를 만들고자 하는 의도에서 나온 말이나, 이것 역시 억지스럽다는 것이 저자의 판단임—옮긴이)

정신적/신체적 도전 Mentally or physically challenged

물론 장애가 있는 사람들에게 어떤 일들은 더 힘든 것이 사실이다. 하지만 장애인이 겪는 어려움의 상당 부분은 스스로 통제할 수 없는 바깥에 있다. 이를테면 부정적인 사회적 낙인, 접근이 불가능한 공간, 장애인의 권리를 보호하지 않는 법률 같은 게 그러하다. 이러한 것 모두가 장애인의 삶에 드리워진 힘겨운 도전 과제이지만 장애인의 잘못이나 장애로 인해 발생한 도전이 아니므로 적절하지 않다.

특별한 필요 Special needs

필요는 인간 모두에게 보편적인 것이다. 장애가 있는 사람의 필요만 유독 특별하게 생각될 이유는 없다. 필요한 것을 충족하는 방식 또한 사람마다 다르지 않은가.

두 번의 예외 Twice exceptional

이 말은 장애가 있는(첫 번째 예외) 학생을 특정 과목이나 영역에서는 뛰어난 영재(두 번째 예외)로 여기는 것으로, 부모나 교사 사이에서 종종 쓰인다. 하지만 인간이라면 누구나 어떤 것은 잘하는 한편 다른 어떤 것에는 서툴기 마련이다. 장애가 있다고 해서 예외일 수는 없다.

'정상적'인 기능 같은 건 없다

여기 질문이 하나 있다. '정상적'이란 무슨 뜻일까? 물론 지금 당장 인터넷으로 그 정의를 검색할 수 있겠지만, 외양이나 행동 또는 능력 면에서 그 정의를 구현한 사람을 단 한 명이라도 상상할 수 있는지? 만약 "그렇다"라고 대답했다면 부디 다시 한번 생각해 보길 부탁한다. 사람의 몸과 뇌는 저마다 다른 방식으로 작동한다. 각기 다른 방식으로 정보를 처리하고, 의사소통하고, 몸을 움직인다. 이는 모든 사람이 일을 처리하기 위해서는 각기 다른 방식의 도움과 지원이 필요하다는 것을 의미한다. 그런데도 너무나 많은 사람이 자의적인 '정상성'에 기반하여 사람들을 분류하는 일에 매달리고 있다.

바로 여기서 '기능'이라는 꼬리표가 등장한다. 특히 의료계나 교육계에서 종종 장애가 있는 사람을 고기능(높은 기능) 또는 저기능(낮은 기능)으로 표현하곤 한다. 나의 경우를 예로 들면 장애가 글쓰기나 말하기 능력에 영향을 미치지 않기에 '고기능'으로 분류된다. 이런 꼬리표를 나에게 붙이는 것은 칭찬이 아니다. 이것은 장애로 인해 쓰기와 말하기 능력에 지장을 받는 다른 장애인들과 비교해서 나를 우월한 것처럼 여기는 잘못된 시각일 뿐이다. 자폐장애 권익 활동가인 누르 페르베즈(Noor Pervez)는 한 걸음 더 나아가 왜 '기능'이라는 꼬리표가 정확하지 않을뿐더러 해로운 것인지 설명해 주었다. "'저기능'은 고도의 지원이 필요한 장애인의 자기주도성을 부인하는 데 사용되며, '고기능'은 장애를 잘 감출 수 있는 사람들에게 지원을 줄이기 위해 사용됩니다. 어떤 사람에게 어떤 지원이 얼마만큼 필요한지는 해마다, 심지어 하루 만에도 달라질 수 있기 때문에 이것을 '기능 수준'으로 분류하는 것 자체가 잘못된 개념입니다." 나는 그래서 이 용어들을 아예 쓰지 않으려고 한다. 이 용어들은 존재하지 않는 '표준 기능'이란 생각을 기반으로 삼기 때문이다. 기능이라는 꼬리표는 모든 사람이 갖춘 표준적인 능력이 있다는 잘못된 생각을 부추긴다. 비장애인과 장애인 또는 서로 다른 장애를 갖고 있는 사람 사이에 이러한 종류의 차이를 만들 필요는 없다. 기능이란 모두에게서 다르게 작용하기 때문이다. 그 대신 필요, 능력, 장애에 관해 솔직하고 직접적으로 이야기하는 편이 더 낫다. 예를 들어 한 어린이의 부모와 그 어린이를 가르치는 교사 간의 대화를 생각해 보자. "아이가 수학에서 저기능입니다."라고 말하는 대신 "아이가 수학 숙제를 해내는 데 좀 더 많은 지원이 필요할 것 같습니다." 또는 "수학 숙제를 완료하는 데 추가적인 지원이 있으면 좋겠습니다."라고 말할 수 있다. 이렇게 학생에게 해로운 딱지(꼬리표)를 붙이지 않으면서도 간단하고 분명하며 존중하는 방식으로 의사소통할 수 있지 않은가.

말하기 전에 먼저 생각하길

아마도 우리 대부분이 열정적인 대화 도중 "미쳤군." 하고 내뱉은 적이 있을 것이다. 또는 무언가 골똘히 생각하며 운전하던 중 다른 차가 휙 끼어들었을 때 "뭐야, 장님 아냐?"라고 소리친다거나 중요한 부분을 못 쓰게 되었을 때 "절름발이나 다름없군."이라고 중얼거렸을지도 모른다. 이런 말을 무심히 사용하면서 자기 생각과 감정을 적절히 표현했다고 생각하는가? 안타깝지만 이것은 비장애중심주의자(Ableist)의 모습으로 장애에 대한 부정적 관념을 표현한 말이다.

일상에서 흔히 사용하는 몇몇 단어에는 장애에 낙인을 찍은 역사가 관련되어 있다. 이중에는 한때 사회적으로 통용된 것도 있지만 대체로 장애인을 비하하는 의미를 담고 있다.

이러한 단어들은 우리가 일상적으로 사용하는 언어에 깊게 자리하고 있다. 그것들을 사용하지 않으려면 의식적인 노력과 연습이 필요하다. 그중 몇 가지는 나 자신도 알아차리지 못한 채 사용한 적이 있다. 일단 말을 뱉고 나면 돌이킬 수가 없다. 그러니 할 수 있는 일은 다음번에는 더 잘하려고 노력하는 것뿐이다. 특히 미치광이crazy, 멍청이dumb, 백치idiot, 정신병자insane, 절름발이lame, 얼간이moron, 지체slow, 저능아stupid 같은 단어들은 어휘 목록에서 완전히 제거할 때까지 계속해서 노력해야 한다. 이 단어들은 과거 시설에 수용된 장애인들에 대한 의학적 진단에서 사용되던 것이다. 사용하는 어휘 목록에서 이 단어들을 완전히 제거하는 연습을 해 보자. 구태의연할 뿐만 아니라 상처를 줄 수 있는 모욕적인 말이고, 대체할 만한 단어도 얼마든지 있다.

우리가 쓰는 말 속에는 장애에 대한 편견에서 비롯된 일상적인 단어뿐만 아니라 감정이나 상황을 설명하기 위해서 장애를 끌어다 쓰는 표현도 꽤 많다. 누구나 이런 표현을 들어 본 적이 있을 것이다. 가령 다음 대화를 보자.

- "그는 거절당할지 모른다는 두려움으로 온몸이 마비된 거나 마찬가지야."
- "아니야! 단지 그녀의 번호를 물어볼 수 없어서 그런 핑계에 기대고 있는 거지." (원문 crutch는 몸을 의지하는 목발에 기댄 모습을 나타냄—옮긴이)
- "음, 그가 반했다는 걸 그녀는 몰라. 눈먼 장님처럼 말이야."
- "그가 관심을 끌려고 아무리 해 봤자 헛수고야. 그녀는 귀머거리나 다름없는 것 같아."

이처럼 무심코 장애를 비유로 사용하는 경우가 많다. 하지만 그렇게 말하지 않는 것도 그리 어려운 일은 아니다. 여기 장애를 언급하지 않고 진행되는 똑같은 대화가 있다.

- "그는 거절당할지 모른다는 두려움으로 긴장하고 있어."
- "아니야! 단지 그녀의 번호를 물어볼 수 없어서 그런 핑계를 대고 있는 거지."
- "음, 그가 반했다는 걸 그녀는 몰라. 전혀 눈치채지 못하고 있어."
- "그가 관심을 끌려고 아무리 해 봤자 헛수고야. 그녀는 잘 모르는 것 같아."

어떤가? 그저 간단히 몇 마디만 바꾸는 걸로도 충분하다.

꼭 욕을 해야만 한다면

장애는 욕이 아니다. 아무리 강조해도 지나치지 않다. 장애를 모욕하고 비난하는 말로 사용하지 말자. 다음은 우리가 일상에서 이따금 듣는 말이다.

- 그 여자 조울증이야.
- 그 사람들 꼭 자폐증 환자같이 행동하고 있어.
- 강박증 환자 같으니.

이런 말들은 실제 의학적 진단명을 비하와 모욕의 뜻으로 사용하는 저급한 언어 사용이다. 이렇게 부정적인 방식으로 장애를 언급하면 해로운 편견에 일조할 뿐이다. 만약 당신이 정말로 모욕적인 말을 해야만 하는 상황이라면(물론 나는 서로 친절히 대하며 지내기를 바라지만) 부디 다른 말을 찾도록 하자.

묻지도 따지지도 말고 쓰지 말아야 할 용어들

일부 용어들은 단순한 모욕에 그치지 않고 지독한 욕설로 쓰인다. 가장 무례한 것들을 살펴보자. '정신지체자Retarded'는 지적장애가 있는 사람들에게 엄청나게 상처를 주는 말인데도 이 말을 아무렇지도 않게 사용하는 사람들이 있다. 한번은 데이트 중에 상대가 나를 바라보며 "나는 너에게 정신지체자처럼 홀려 버렸어."라고 말했다. 순간 나는 온몸이 얼어붙는 듯했다. 그 후 나는 더 이상 그를 만나지 않았지만 지금도 그때의 기분을 잊을 수가 없다. 그런 식으로 장애를 비하하는 표현이 얼마나 고통스러운지, 그리고 얼마나 많은 사람들이 그런 표현을 아무렇지도 않게 사용하는지 깨닫게 된 계기였다.

'난쟁이midget'라는 말도 그렇다. 이것은 왜소증이 있는 사람을 비하하는 왜곡된 용어다. 하지만 불행하게도 이 용어는 문화적으로 매우 광범위하게 퍼져 있고 심지어 몇몇 도시에서는 마스코트로까지 사용했을 정도다. 제발 그 도시들처럼 하지 말

자. 이 말 대신 '왜소증이 있는 사람', '키가 작은 사람'이라고 하자. 포드 재단의 장애 관련 프로그램 담당자 겸 〈Little People of America〉 회원인 레베카 코클리에 따르면 이 말은 '초파리(midge)'에서 나온 것이라 한다.

> 카니발 축제나 사이드쇼(sideshow, 손님을 끌기 위해 따로 보여 주는 소규모 공연—옮긴이), 서커스 같은 공연 산업에서 호기심에 찬 군중들에게 보여 주기 위해 왜소증이 있는 사람들을 상품처럼 전시하면서 사용된 용어였습니다. 결코 우리 스스로 선택한 용어가 아닙니다.

불구cripple, 외발이gimp, 발광spaz 같은 말은 신체장애인을, 미친mad, 정신 나간crazy 같은 말은 정신질환자를 비하하는 용어다. 다만 이런 말들을 장애인들이 자신의 권리를 되찾기 위한 방편으로 자발적으로 사용하는 경우가 있어 흥미롭다. 나와 어머니 또한 우리의 다양한 신체적 통증을 한탄할 때, 장애 때문에 어이없는 사고를 겪게 될 때 농담처럼 이런 말을 쓴 적이 있다. 가까운 사람들과 함께할 때 분위기에 휩쓸려 그런 말을 농담 삼아 쓸 때도 있다. 그러나 비장애인이 이런 말을 일상에서 사용하는 것은 부적절하다. 장애인 당사자가 명시적으로 허용한 경우라면 예외적으로 특정 장애인을 지칭하는 데 사용할 수는 있겠지만 말이다. 그리고 다른 장애인들에게 그러한 용어의 사용을 강요하는 것 또한 결코 안 될 말이다. 떠오른 단어가 모욕적인지 아닌지 잘 모르겠다면 그 말이 아닌 다른 말을 선택하는 것이 최선이다.●

● 원서에서는 1장의 끝 부분에 장애를 표현하는 용어들을 '사용할 수 있는 것'과 '사용하지 말아야 할 것'으로 구분하여 도표로 제시하고 있다. 영어에 해당하는 표현이므로 한국어로 번역하기 적합하지 않아 생략했고, 책 뒤편에 원문 그대로 수록하였음을 밝힌다.—편집자

2장
장애, 한 인간의 일부분

장애는 정치적, 사회적, 문화적 맥락과
개인의 정체성 문제에 걸쳐 존재하기 때문에
상호 교차적인 틀 안에서 고려되어야 한다.
그러나 역사적으로 장애를 바라본 렌즈는
상호 교차적인 것이 아니라 백인, 시스젠더,
이성애자의 것이었다. 나는 이 렌즈에
도전장을 내밀고 장애인의 실제 경험에서 나온 서사를
이야기하고자 한다.

샌디 호(Sandy Ho, 지역사회 조직가)

장애와 나의 관계는 복잡하다. 어찌 보면 장애는 내 존재의 핵심적인 측면이며 내가 생각하고 움직이는 방식과 밀접하게 연관되어 있다. 물론 나라는 사람의 정체성을 장애로만 규정할 수는 없다. 하지만 여러 면에서 장애는 나를 규정하는 중요한 정체성임이 분명하다. (다소 혼란스러운 말이란 걸 나도 잘 안다.)

나는 장애인이란 사실을 부끄러워하지 않는다. 아니, 장애 덕분에 내가 사랑하는 커뮤니티와 문화를 경험할 수 있었다는 점에서 오히려 자랑스럽게 생각한다. 물론 내 앞에 항상 꽃길만 놓였던 건 아니다. 매일 신체적 고통과 싸워야 했을 뿐만 아니라 다른 사람들로부터 거부당하거나 나 자신조차 나를 받아들이지 못해 쓰라린 내적 고통을 겪어야 했다. 그럼에도 불구하고 내가 장애인이란 사실은 변함없다. 장애는 분명히 나의 일부다.

여기서 한 가지 짚어보아야 할 사실이 있다. 누구든 어느 날 갑자기 장애인이라는 정체성을 가질 수 있다는 것이다. 이 말에 위협의 의도는 전혀 없으니 오해는 말아 달라. 실제로 장애인 중에는 멋지게 살아가는 사람들도 꽤 많다. 다만 사람마다 장애에 대해 갖는 감정이 다른 만큼, 자신이 장애를 겪게 되었을 때 자신을 인식하는 방법도 제각기 다를 것이라는 뜻이다. 어떤 이에게는 장애가 바로 자기 자신이다. 반면 어떤 이에게는 자신의 일부일 뿐 정체성까지는 아니다. 심지어 겉으로 드러나지 않거나 그 심각성의 정도가 유동적인 장애를 가진 사람 중에는 자신을 장애인으로 여기지 않는 이들도 있다. 선택은 온전히 개인의 몫이고 그 선택을 좌우하는 요인도 개인에 따라 달라진다.

피자를 예로 들어 보자. 피자 바닥면을 이루는 크러스트 부분은 한 인간의 존재론적 토대를 이루는 부분이라고 말할 수 있다. 모든 피자는 크러스트를 갖고 있지만 각각의 고유한 피자를 만드는 것은 그 위에 올려지는 토핑을 통해서다. 토핑은 무한한 조합이 가능하다. 지구 상에 존재하는 수백만 개의 피자 중 똑같은 재료의 토핑으로 만들어지더라도 완전히 동일한 것은 없다. 누군가에게 장애가 어떤 의미를 갖는지 결정하는 데 단순히 장애가 있고 없고만 중요한 것이 아니다. 사실 그렇게 간단하지가 않다. 아래 제시된 모든 요소는 장애가 한 인간에게 어떤 의미인지, 그가 장애를 자신의 정체성으로 받아들일지, 혹은 자신의 장애를 드러낼지 말지에 영향을 주는 것들이다. 앞에서 피자를 예로 들었는데 그렇다면 그 위에 놓일 토핑으로는 어떤 것들이 있을까?

- 장애가 있는지, 없는지의 여부
- 갖고 있는 장애의 종류
- 장애가 선천적인지 후천적인지의 여부
- 장애가 겉으로 드러나는 것인지 아닌지의 여부
- 사는 곳
- 특정 시점에서의 주변 환경(집에 있는지, 안전한 장소에

있는지, 새로운 사람들에게 둘러싸여 있는지 등)
- 장애에 대한 주변 사람들의 인식
- 장애에 대한 문화 전반의 인식
- 다른 정체성과 장애가 교차되는 방식

교차성, 스쳐 지나가는 유행어가 아니다

교차성(Intersectionality)이란 용어는 1989년에 킴벌리 크렌셰이(Dr. Kimberle Crenshaw) 박사가 흑인 여성을 설명하기 위해 사용한 말이다. 그는 '흑인'과 '여성'은 별개의 정체성 요소이지만 각각을 따로 분리해 생각할 수 없다고 보았다. 다시 말해 한 사람이 가진 모든 정체성은 서로 '교차'하여 그 존재를 이루어 낸다는 것이다.

교차성은 오늘날 사회 정의 운동에서 중시되는 개념으로, 가볍게 사용하고 넘어갈 용어가 아니다. 특히 장애를 둘러싼 맥락에서는 다른 모든 정체성과 장애가 교차할 수 있으므로 더욱 중요하다. 교차성을 이야기할 때는 여러 정체성이 교차하는 소외된 사람들의 삶의 경험에 초점을 맞춰야 함을 염두에 두어야 한다.

장애와 교차하는 다른 정체성은 장애를 경험하는 방식, 또는 다른 사람이 바라보고 대우하는 방식 모두에 영향을 미칠 수 있다. 나의 경우 장애인이면서 이성애자, 백인, 유대인, 시스젠더(생물학적 성별과 동일한 성 정체성을 가진 사람)이다. 내가 경험하는 삶은 흑인이나 트랜스젠더, 무슬림, 원주민 등 다른 정체성을 가진 장애인과는 분명 다를 것이다. 사실 나는 장애를 피상적으로 생각하는 사람들이 흔히 떠올리는 '장애인'의 이미지와 일치하는 사람이다. 백인, 시스젠더, 휠체어를 사용하는, 여성인 나는 주차 표지판이나 공공 화장실에서 볼 수 있는 '파란 배경 위에 그린 흰색 기호' 속 장애인과 딱 맞아떨어진다.

여기서 교차성과 밀접하게 연결된 '특권'이란 개념이 등장한다. 특권이란 일부 사람들이 갖고 있는, 혹은 갖지 않은 정체성에 기인하여 남보다 더 누리게 되는 이익을 말한다. 비장애인은 분명히 장애인이 갖지 못한 특권을 누리고 있다. 고용에 대해 생각해 보자. 장애인, 특히 눈에 띄는 장애가 있는 사람은 직업을 찾을 때 여러 가지 차별과 장벽을 경험할 가능성이 훨씬 높다. 미국노동통계국에 따르면 2019년 장애인의 인구 대비 고용률, 즉 취업한 장애인의 비율은 19.3퍼센트, 비장애인은 66.3퍼센트였다. 이 숫자는 비장애인이 누리는 특권의 대표적인 예다.

장애인이라고 해서 특권을 경험하지 않는 것은 아니다. 백인 장애인인 나는 유색인종(장애인과 비장애인 모두)이 누리지 못하는 특권을 누릴 수 있다. 나의 장애는 말로 의사소통할 수 있는 능력에 영향을 주지 않기 때문에 그러지 못한 사람보다 나은 특권을 경험한다. 이처럼 특권의 존재와 부재는 여러 가지 형태로 나타난다.

장애에 대해 논할 때 잊지 말아야 할 것은 인간이 매우 복잡한 존재이며, 서로 겹치고 교차하는 여러 가지 정체성과 기회들이 세계를 인식하고 또 세계가 우리를 인식하는 방식에 영향을 미친다는 사실이다. 2016년 《타임 매거진》에서 영화 감독이자 작가인 크리스털 R. 엠리(Crystal R. Emery)는 이러한 관련성을 명확히 설명한다.

> 장애가 있는 아프리카계 여성으로서, 그리고 휠체어를 탄 사지 마비 장애인으로서 나의 존재는 우리 사회의 '정상(normative)' 개념(백인, 남성, 건강한 몸)에 대한 삼중의 위협입니다. …… 성별, 인종, 장애는 사회적 권력을 획득하고 유지하는 방식에 영향을 줍니다. 하지만 그것은 정체성의 교차를 통해 얻은 것이 아니라, 기존의 틀로는 설명하기 어려운 새로운 방식으로 인간다움을 추구한 결과입니다. 나는 내 정체성을 새로운 방식으로 정의하려 노력하고 있지만 세상은 그런 변화를 받아들이지 못하고 있습니다.

그러면 어떻게 해야 세상을 변화시킬 수 있을까? 어떻게 하면 장애인에 대한, 특히 여러 가지 소외된 정체성을 가진 사람에 대한 편견과 낙인의 굴레에서 벗어나 좀 더 포용적이고 수용적인 세상으로 나아갈 수 있을까? 멀고 긴 여정이 있겠지만, 우선 자신의 편견과 특권을 조명하는 작업에 집중해야 할 것이다. 이 작업은 비장애인과 장애인 모두에게 필요하다. 박사과정 학생인 다크레 닐은 언젠가 내게 "소외된 특정 커뮤니티의 일원이 되었다고 해서 자기와 다른 유형의 차별을 받는 이들을 이해하지 못하는 것은 아니니까요."라고 말한 적이 있는데 이는 올바른 생각이다. 닐은 이러한 넓은 의미의 개념이 흑인이고 동성애자이며 신체장애인으로서 겪었던 경험과 닿아 있을 뿐이라고 전제하면서, 여러 소외된 정체성이 교차하는 지점에 존재해 온 자기 경험에서 나온 몇몇 구체적이고 직접적인 사례를 들려주었다.

"모두들 알아야 해요. 흑인으로 산다는 건 으레 범죄자 취급을 당하는 일이라는 걸 말이죠. 휠체어를 타는 이유에 대해서도 마찬가지예요. 어렸을 때 저를 처음 본 백인들은 제일 먼저 언제 총에 맞았는지 묻곤 했어요. 내가 갱단이나 총기 폭력 때문에 척수 손상을 입었고 그래서 휠체어를 타게 된 거라고 지레짐작한 거죠. 그래서 제가 뇌성마비를 앓고 있다고 말하면 모두들 놀라곤 했어요."

닐은 이러한 경험이 자기와 같은 사람들을 겨냥한 특정

고정관념에서 나온 것이라고 강조했다. 닐에게 그의 세 가지 소수자 정체성을 언급하며 "내가 당신이라면 자살해 버렸을 것"이라고 말한 사람도 있었다(장애인에게 절대, 결코 이런 말을 하지 마시라). "그만큼 제 인생이 힘들다는 뜻이겠지요." 닐은 씁쓸히 덧붙였다. 닐의 정체성과 삶에 대해 편견을 갖고 제멋대로 가치 판단을 내린 것이다. 이후 닐은 두 번 다시 그 사람과 말을 섞지 않았다고 했다. 살아가면서 닐은 많은 어려움을 겪었지만 그것은 사회가 닐에 대해 편견을 갖고 제멋대로 규정해 버린 정체성 때문이었다.

닐의 이야기는 장애 경험이 똑같지 않다는 것을 인식하는 것이 왜 중요한가를 보여 준다. 편견과 특권은 우리의 정체성, 그리고 우리 자신과 다른 이들의 정체성에 깊이 연루되어 있기에, 장애와 연결된 아이디어나 개념을 좀 더 깊게 파고 들어갈 때 반드시 이 점을 염두에 두어야 한다.

장애의 유형

세상에는 정말 많은 종류의 장애가 있다. 그저 죽 나열하기만 해도 이 책의 남은 지면을 몽땅 쓸 수 있을 정도다. 개별적인 장애나 진단명 대신 일반적으로 많이 알려진 유형으로 범위를 좁혀 보자. 뇌성마비나 자폐증처럼 하나의 범주에 딱 들어맞지 않는 장애도 매우 많다. 한 사람 안에 여러 장애가 공존할 수도 있는데 나의 경우 청각장애, 정신장애, 신체장애를 가지고 있다. 흔히 인식되는 장애의 범주는 무척 광범위하며 그 안에서 각각 무한히 다른 형태로 존재한다.

- 만성질환: 신체 및 정신 건강의 다양한 측면에 지속적인 영향을 미치는 것
- 의사소통장애: 정보를 전달하거나 이해하는 방식에 영향을 미치는 것
- 발달장애: 신체적 또는 인지적 성장의 궤적에 영향을 미치는 것
- 청각장애: 청력에 부분적으로 또는 온전히 영향을 미치는 것
- 지적장애: 의사소통, 인지, 그리고 개인 및 대인 활동에

영향을 미치는 것

- 학습장애: 다양한 주제 영역을 학습하고 처리하고 이해하는 방식에 영향을 미치는 것
- 정신건강장애: 사고, 기분 및 행동에 영향을 미치는 것
- 신경계장애: 신경계의 다양한 부분에 영향을 줄 수 있고, 그로 인하여 신체적·인지적 그리고 정서적인 면을 포함한 다양한 측면에 영향을 미치는 것
- 신체장애: 움직임, 손재주, 또는 체력에 영향을 미치는 것
- 시각장애: 시력에 부분적으로 또는 온전히 영향을 미치는 것

이 책의 뒷부분에 있는 참고 자료에서 특정 장애에 대한 보다 자세한 정보를 찾을 수 있다.

겉으로 드러나는 장애와 그렇지 않은 장애

미디어에서 장애가 어떻게 묘사되는지를 기준으로 하면 장애인은 특정한 외양을 가졌을 것으로 생각하기 쉽다. 하지만 실제로는 그렇지 않다. 특정 장애와 신체적 특징이 관련된 경우가 있긴 하지만 드러난 모습만으로 장애에 대해 지레짐작해서는 안 된다. 모든 장애가 겉으로 드러나는 것은 아니기 때문이다.

겉으로 드러나거나 눈에 보이는 장애는 외적인 모습이나 의사소통 과정에서 쉽게 알아차릴 수 있다. 나와 다른 신체적 특징을 가진 사람은 재빨리 알아볼 수 있고 지나가는 어떤 사람의 걸음걸이가 불안한 것도 눈치챌 수 있다. 휠체어를 타거나 지팡이를 앞으로 들고 걸어가는 사람, 인공 팔이나 다리(보통 보철이라고 함)를 착용해서 팔다리가 남다른 모습인 사람은 바로 알아볼 수 있다. 누군가와 대화하다 보면 그가 말을 더듬는다는 사실도 알아챌 수 있다. 이 모든 것들은 겉으로 드러나는 장애들이다.

겉으로 드러나지 않는 장애는 그 사람과 대면하거나 소통할 때조차 쉽게 알아차릴 수 없다. 이것은 당사자가 말하지 않는 이상 그 사람에게 어떤 장애가 있다는 것을 알지 못할 수도 있다는 뜻이다(물론 이는 그들의 결정이다). 보이지 않는 장애가 있는 사람이 비장애인처럼 행동하는 경우가 종종 있다. 이들은 외적으로 드러나거나 알아차릴 만한 징후가 없기에 장애가 없는 것처럼 보일 수 있다. 실제로 학습장애나 정신질환은 알아차리지 못하는 경우가 있다. 만성통증과 같은 신체적 장애도 그 사람의 겉모습만으로는 알기 어렵다.

　　같은 장애도 사람의 신체 안팎의 여러 정황에 따라 어떤 때는 눈에 띄고 어떤 때는 그렇지 않을 수도 있다. 예를 들어 조용한 장소에서 나와 어머니가 얼굴을 마주하고 이야기를 나눈다면 아마 우리가 청각에 이상이 있다는 걸 눈치채지 못할 것이다. 하지만 시끄러운 식당 같은 곳에서 대화해야 한다면 우리가 잘 듣지 못한다는 사실을 알아차릴 수 있을 것이다.

　　어떤 유형의 장애가 다른 장애에 비해 더 중요하다거나 심각하다고 말할 수는 없다. 눈에 보이는 장애가 보이지 않는 장애보다 더 심각하다고 말할 수 없다는 뜻이다. 어떤 유형의 장애를 가졌든 모든 사람은 온전히 동등하게 존중받아야 한다. 장애의 영향을 더 심각하게 받는 사람이라고 해서 그 사람의 가치가 덜 중요하게 여겨져서는 안 된다. 살다 보면 누구나 장애를 겪을 수 있다. 골절 같은 일시적 장애를 겪기도 하고, 청력 상실이나 청력 마비, 뇌 손상과 같은 장애를 겪는 시기도 있다.

　　비장애인에게 있어서 장애인이 된다는 생각은 사실 공포스럽다. 이해할 수 있다. 미지의 것을 두려워하는 것은 당연하거니와 나의 몸이 나의 통제를 벗어나는 방식으로 변할 수 있다는 생각은 정말이지 감당하기 어려울 것이다. 이러한 두려움은 불행하게도 종종 장애인에 대한 편견으로 바뀌곤 한다. 다른 사람의 현실이 자신의 것이 될 수 있다는 사실을 받아들이기 어렵기 때문이다. 이것이 바로 장애에 대해 솔직하게 열린 대화가 필요한 이유이기도 하다. 우리가 해야 할 일은 장애에 대한 두려움을 새로운 틀, 프레임워크로 가져와 인간 경험의 일부로 이해하는 인식의 전환을 이루어 내는 것이다.

모델을 선택하라

장애를 이해하는 데 사용되는 프레임워크, 흔히 모델이라고 부르는 것들이 많다. 학문적인 이야기처럼 들릴 수도 있겠지만 사실 간단한 이야기다. 모델은 우리와 주변 세계와의 관련성 속에서 장애를 개념화하는 방법이다. 전체 그림을 이해하기 위해서는 장애 모델이 어떻게 서로 중첩되는지에 관해 생각하는 것이 중요하다. 장애에 대해 가장 일반적으로 잘 알려진 두 가지 사고방식인 의학적 모델과 사회적 모델부터 설명을 시작하겠다.

- 의학적 모델
  '개인적 모델'로도 알려져 있으며, 장애를 개인 중심적인 문제로 바라본다. 이 모델은 장애를 개인에게 영향을 미치는 진단 또는 손상으로 정의한다. 이 모델은 분명히 장점이 있다. 내가 라슨증후군을 가지고 있다는 사실은 내가 누구이며 어떻게 이동하느냐의 문제들과 절대적으로 관련된다. 라슨증후군으로 인해 나는 근육 기능이 저하되고 관절 탈구가 발생하여 특정한 활동이 어렵거나 불가능해진다. 만성 통증을 유발한다는 점도 의학적 문제로 이해될 수 있을 것이다. 그러나 의학적 모델은 장애에 대한 부정적인 태도를 지속시키며 장애를 해결하거나 치료해야 할 '문제'로 바라본다는 단점이 있다. 또한 장애의 영향이 신체에만 국한되지 않는다는 사실을 간과한다.

- 사회적 모델

의학적 모델의 불완전한 관점에 대한 대응으로 등장했다. 사회적 모델에 따르면 사람은 의학적 진단뿐만 아니라 장벽을 만드는 환경, 태도, 사회 제도에 의해 장애를 갖게 된다. 나의 경우 사회적 모델의 관점에서 보면 휠체어 접근이 불가능한 환경으로 인해 장애인으로 생각될 수 있다.

현실에서 의학적 모델이나 사회적 모델은 독립적으로 존재하는 것이 아니다. 내가 장애를 경험하는 방식은 매 순간 달라질 수 있다. 바닥에 떨어뜨린 물건을 주워올리려고 애를 쓰며 불평할 때도 있고, 만성통증으로 잠에서 깨어 "난 지금 진짜로 장애인 같아."라고 징징거릴 때도 있다. 이럴 때 나는 신체적 경험에 기반하여 나의 장애를 인식한다. 그러나 계단을 통해서만 들어갈 수 있는 식당 앞에 있거나 휠체어에 대해 무례한 말을 하는 사람과 마주치는 경우에는 나의 신체적 한계나 감각이 문제가 아니라, 내가 제어할 수 없는 타인의 태도나 장애물이 나를 장애인으로 만드는 것이다.

의학적 모델과 사회적 모델 외에도 장애에 관해 설명하는 다른 여러 방법이 있다. 그중 몇 가지를 조금 더 소개하겠다.

- 자선 모델
  이 관점에서 보면 장애는 안타까운 비극이다. 많은 비장애인이 장애인을 '비극적 영혼'으로 취급하며, 상황의 희생자이자 선행을 베풀어 주어야 하는 존재로 여긴다. 만약 그러한 처지를 극복한 장애인이 있다면 그는 어느 날 갑자기 저녁 뉴스의 감동 스토리 속 주인공으로 등장한다. 분명 장애인에게는 지원이 필요하지만 그것은 연민이나 동정이 아니다. 모든 자원에 접근할 수 있고, 수치심 없이 자신을 받아들일 수 있고, 더 완전한 삶을 살기 위한 '사회적 지지와 조력'이 필요한 것이다.

- 문화 모델
  장애를 풍부한 역사를 가진 문화, 그리고 장애인의 정체성을 공유하는 문화로 바라보고, 장애 경험과 장애가 인간을 형성해 가는 방식을 포용하는 관점이다.

- 경제 모델
  장애가 생산성에 미치는 영향에 주된 관심을 둔다. 이 모델은 기본적으로 사람의 가치를 경제 전반에 대한 기여 및 가정을 부양하는 능력으로 평가한다. 이 관점에서는 장애로 인해 직업을 가질 수 없는 사람들을 종종 사회적 부담으로 여긴다.

- 인권 모델
  장애를 인권의 관점에서 바라보는 모델이다. 장애인에게 영향을 미치는 사회적 요소들을 고려하고, 포용과 평등을 법률에 반영하는 것을 중시한다.

- 종교 모델
  이 모델은 태곳적부터 전해 내려온, 적어도 종교만큼이나 오래된 이야기다. 이 모델에서 장애는 저주 또는 형벌로 여겨지거나, 또는 그 반대로, 특별히 감당할 수 있는 사람에게만 부여된 축복이다. 지금까지 나는 오직 기도만 하면 장애를 치유할 수 있다고 믿는 수많은 사람을 만나 왔다. 이따금 그들은 내 의사나 기분 같은 건 묻지도 않고 나의 치유를 비는 기도를 올리곤 했다. 절대 기분 좋을 리 없는 일이었다.

다양한 모델이 장애를 이해하는 방법을 제시하고 있지만 그중 어느 것도 장애의 깊이와 폭을 완전히 담아내지는 못한다. 게다가 이러한 모델 중 일부, 특히 자선 모델, 경제 모델, 종교 모델과 같은 것들은 장애에 대한 부정확하고 해로운 인식을 담고 있어 매우 유감스럽다. 각각의 모델은 우리 사회가 장애를 인식하고 이해하는 방식을 설명하는 데 도움을 주지만, 궁극적으로 장애는 어느 한 가지 범주에 꼭 맞아떨어질 수는 없는 지극히 복잡한 인간 경험이다.

3장
장애 인권 운동의 역사

마치 투명인간인 양 우리의 역사가 우리에게조차
감춰졌다. 우리의 영웅들은, 이름이 없는 채로,
주목받지 못하는 채로, 페이지 속에 묻혀 있다.
장애 문화란 이들에게 이름을 부여하는 것,
그리고 마땅히 주목하고 인정해 주는 일이다.

셰릴 마리 웨이드(Cheryle Marie Wade), 〈Disability Culture Rap〉 중에서

학창 시절의 역사 시간을 떠올려 보자. 기억이 생생하든 까마득한 전설처럼 느껴지든 한 가지는 비교적 확실히 짐작할 수 있을 것이다. 그것은 바로 장애라는 주제가 거의 등장하지 않았다는 사실이다.

내가 학생이었을 때 장애와 관련된 역사나 장애가 더 큰 맥락에서 어떻게 역사의 일부가 되는지에 관한 논의는 거의 없었다. 노예 해방 운동가이자 '언더그라운드 레일로드(Underground Railroad, 18세기 미국에서 노예제에 반대하는 사람들이 조직한 비밀 네트워크로, 남부의 노예들이 북부로 탈출할 수 있도록 지원했음—옮긴이)'의 지도자였던 해리엇 터브먼(Harriet Tubman)이 장애인이었던 것을 아는가? 노예였던 그녀는 노예 소유주가 던진 무거운 물체에 머리를 맞고 뇌가 손상되어 평생 뇌전증에 시달렸다. 프리다 칼로가 소아마비와 버스 사고로 인해 신체장애를 얻었다는 사실은 어떤가? 또 프랭클린 D. 루스벨트 대통령이 39세 때 소아마비로 걷지 못하게 되자 휠체어를 비롯한 이동 보조 기구를 사용했던 사실은? 이들은 모두 유명한 인물이지만 그들의 업적을 돌아보면서 장애를 가장 먼저 떠올리지는 않을 것이다.

혹시 저스틴 다트 주니어(Justin Dart Jr.)와 요시코 다트(Yoshiko Dart)를 아는가? 브래들리 로맥스(Bradley Lomax), 아니타 카메론(Anita Cameron), 로이스 커티스(Lois Curtis)는? 누군지 잘 몰라도 상관없다. 이제부터 설명해 나갈 테니까. 이 이름들을 잘 모르는 것은 어쩌면 당연하다. 실제로 모든 공립학교에서 장애 인권 운동의 역사를 가르치게 된 것은 2006년이 되어서였다. 이런 제도가 주 의회에서 입법화될 수 있었던 것은 웨스트버지니아의 젊은 장애 활동가들의 노력 덕분이었다. 그 뒤를 따른 것은 소수의 일부 주에서뿐이었다.

    이런 이야기 때문에 이 책이 너무 지루한 교과서 같다고 느껴지는가? 책을 던져 버리고 흥미진진한 읽을거리를 찾고 싶은가? 안심하라, 이 책은 그런 책이 아니다. 이 책의 목표는 독자를 잠들게 하려는 것이 아니라 장애인의 권리와 자립을 향한 움직임의 리듬감 있는 북소리를 느낄 수 있게 초대하려는 데 있다. 아직까지는 완전히 실현되지 않은 목표이지만 분명 우리는 점점 가까워지고 있다. 장애의 역사는 인간 존재로부터 떨어져 나와 고립된 조각이 아니다. 오히려 수많은 사람과 공간을 아우르며, 과거의 우리, 현재의 우리, 그리고 미래의 우리가 어떤 존재가 될 것인지와 깊이 얽혀 있는 방대한 대하소설이다. 그럼에도 불구하고 여전히 장애에 관한 지식은 우리 사회를 이해하는 필수적 학문이 아닌 틈새 학문 정도로 여겨진다.

    장애인 커뮤니티의 역사는 고통스러운 억압부터 힘겹게 쟁취한 시민권의 승리까지 꽤 파란만장하다. 그 기록을 거슬러 올라가면 장애인 아기는 전사로 자라날 수 없다는 이유로 태어나자마자 버려졌던 고대 스파르타까지 이른다. 1600년대에는 장애인이 된 퇴역 군인들에 대한 지원이 언급되었다. 청교도(Pilgrims, 종교적 박해를 피해 유럽을 떠나 북미 신대륙에 도착하여 정착한 영국인들—옮긴이)들은 자신들이 정착한 땅을 방어하던 군인들이 부상당해 장애인이 되었을 때 그들을 지원할 법을 공식적으로 제정했다. 1800년대에는 P. T. 바넘의 기이한 쇼에서 장애인을 만날 수 있었다. 그는 외관상 다른 몸을 가진 사람들을 쇼장에 전시하여 군중의 눈을 자극하고 돈벌이를 했다. 이 외에 더 깊숙한 내용은 수천 년 동안 감추어졌던 베일을 벗겨 내야 하므로 전문 역사학자들에게 맡기도록 하자.

나의 작업은 20세기 초 이후 미국에서 발생한 사건에 한정될 것이다. 이 사건들은 내가 지금도 경험하고 있는 편견과 차별뿐만 아니라 인간적으로 즐기고 있는 권리와 자유에도 직접적인 영향을 미쳤다고 생각되는 사건이다. 이는 장애 역사를 포괄하는 개요라고 말하긴 어렵지만 장애인인 내게 깊은 감동과 영감을 선사한 역사적 순간이기도 하다. 독자들 또한 호기심과 흥미를 느끼길 희망한다. 그리고 기억하시길, 이 글의 끝에 시험문제 같은 건 없다는 것을.

1900년대 초

기분 좋게 시작하고 싶었지만 1900년대 초는 장애인에게 실제로 그리 살기 좋은 시기가 아니었다. 장애를 결함이나 오점으로 여기고 이를 근절해야 한다는 신념이 널리 퍼져 있었으며, 전국적인 법령에도 이런 신념이 명시되었다. 1907년, 인디애나주 의회에서는 '확인된 범죄자, 백치, 저능아, 강간범'에 대한 강제 불임을 요구하는 법령을 최초로 통과시켰다. 이 위험한 관행은 우생학, 즉 인류 종의 발전을 위해 '바람직하지 않은' 형질을 가진 사람들이 더 이상 번식하지 못하도록 하려는 일련의 신념과 실천을 의미한다. 그러면 대체 누가 '바람직하지 않은' 형질을 가졌다는 판정을 내릴 수 있었을까? 바로 비장애인, 시스젠더, 이성애자, 그리고 백인이었다.

인디애나주의 그 끔찍한 법에 미국의 절반 이상이 동조해 나간 가운데, 1927년에는 우생학을 둘러싼 법적 공방이 본격적으로 시작된다. 버지니아주에서 캐리 벅이라는 이름의 10대 소녀가 뇌전증과 정신장애인들을 위한 시설에 수용되었는데, 당시 그녀는 가난하고 제대로 교육을 받지 못한 데다가 어머니와 마찬가지로 혼전 임신으로 아이를 낳았던 전력이 있었다. 시설에 있는 동안 의사들은 이 세 가지 특성만으로 그녀에게 강제적인 불임 시술을 해야만 한다는 잔인한 판단을 내렸다. 이 사안은 공방 끝에 미국 연방 대법원까지 올라갔는데 대법원은 강제 불임 명령이 헌법에 위배되지 않는다고 판결했다. 당시 올리버 웬델 홈스 대법관은 "저능아는 3대로 충분하다."라고 말했다.

1930년대: 장애와 대공황

우생학적 사고가 미국 전역을 지배하는 가운데, 사회적인 성공을 거둔 소수의 특권층 장애인이 등장했다. 그중 한 사람인 프랭클린 D. 루스벨트는 1932년에 미국 대통령으로 당선된 인물로, 눈에 보이는 신체장애를 지닌 사람이다. 하지만 그는 대중에게 자신의 장애를 드러내지 않으려 노력했고 이 노력은 성공했다. 대통령이라는 직책의 공공성과 대중성을 감안하면 정말 쉽지 않은 일이었다. 하지만 그는 자신이 장애인이라는 사실이 알려지면 대통령의 권위가 약해질 것을 우려했고 끝까지 이 사실을 숨겼다.

지금은 그가 장애인이었다는 사실이 널리 알려졌을 뿐만 아니라, 다소 논란이 있긴 했지만 워싱턴 DC의 기념관에 휠체어에 앉은 모습이 동상으로 세워지기도 했다. 어쨌든 그의 성공은 장애인에게 정말 이례적인 일이었다. 대공황 기간에 일자리를 갖기란 누구에게나 어려웠지만 특히 장애인에게는 불가능에 가까웠다. 이 장벽을 참을 수 없던 일부 장애인들이 1935년에 공공산업진흥국(Works Progress Administration)을 비롯한 몇몇 기관 앞에 항의하기 위해 모여들었다. 이것이 최초의 장애인 권리 단체 중 하나인 '신체장애인연맹(League of the Physically Handicapped)의 공식적인 탄생이었다.

뒤이어 1935년에 사회보장법(the Social Security Act)이 통과하고, 장애인들이 일자리를 찾고 유지할 수 있도록 돕는 직업재활(Vocational Rehabilitation, VR) 지원금이 마련되었다. 이로써 장애 어린이를 위한 지원을 포함하는 재정적인 안전망이 수립되었다. 직업재활은 장애인이 일을 시작하거나 예전의 일터로 돌아가도록 돕는 일련의 서비스를 의미한다. 그로부터 3년 후인 1938년, 미국 의회는 공정노동기준법(Fair Labor Standards Act, FLSA)을 통과시켰다. 이 법은 상이군인을 비롯한 장애인을 위한 일자리 창출 노력의 하나로, 고용주가 미국 노동부(U.S. Department of Labor)에 특별 허가증을 신청하여 지적장애나 발달장애가 있는 노동자에게 최저 임금보다 훨씬 낮은 임금을 지불할 수 있도록 하는 조항을 포함했다. 여기서 '훨씬 낮은' 임금이란 시간당 겨우 몇 페니(오늘날 화폐 가치로 환산하면 약 1달러 내외로 추정됨—옮긴이) 정도였다. 비록 좋은 의도에서 제정했다고는 하나 해당 법률이 지금도 유지된다는 사실은 장애를 이유로 한 임금 차별이 여전히 합법적이라는 걸 의미한다.

1940년대: 제2차 세계대전과 그 여파

1940년대에 이르자 미국 경제는 제2차 세계대전으로 인한 일자리 창출을 기회로 회복의 기미를 보였다. 그러나 장애인들을 가로막는 사회적 장벽은 여전히 높았다. 1943년에는 장애군인재활법(Disabled Veterans Rehabilitation Act)이 발효되어 상이군인들이 일자리를 찾는 데 도움을 받게 되었다. 그후 1945년 마침내 전쟁이 끝났을 때 미국 의회는 매년 10월 첫째 주를 '전국 신체장애인 고용 주간'으로 지정했다. 트루먼 대통령은 모든 사업주에게 '신체적 장애가 있는 사람들의 고용과 능력 개발을 위해, 지속적인 프로그램 및 공공 지원을 동원하기 위한 적절한 노력을 기울일 것'을 촉구하는 선언문을 발표했다. 1988년에는 이 기념일이 이전보다 훨씬 더 포괄적인 의미를 담은 '전국 장애인 고용 인식의 달'로 변경되었다. 지금은 매년 10월마다 모든 유형의 장애를 지닌 사람들이 직장에서 발휘하는 스킬과 재능을 존중하는 뜻을 표하고 있다.

장애인 단체의 조직화는 이후 10년간 더욱 탄력을 받게 된다. 1940년에는 전국시각장애인연맹(National Federation of the Blind)이 만들어졌다. 이는 시각장애인들을 위한 최초의 전국적 단체로 현재도 가장 큰 규모다. 1946년에는 제2차 세계대전에서 척수 손상을 입은 군인들이 모여 미국장애인재향군인회

(Paralyzed Veterans of America, PVA)를 창설했는데, 이 단체는 장애가 있는 군인들의 권리와 삶의 질 문제에 중점을 두고 있다.

중점을 둔 것은 신체장애만이 아니었다. 전쟁 후 엄청난 수의 참전 군인들이 충격적인 외상후유증(당시에는 '전투 피로'로 알려진)으로 고통받으면서 정신건강에 대한 대중의 인식이 달라지기 시작했다. 이는 1946년 국가정신건강법(National Mental Health Act)의 제정에도 큰 영향을 미쳤으며 정신건강관리 개혁의 기초가 되었다. 이 법은 정신질환을 가진 사람들의 치료를 위해 시설에 격리 수용하던 기존 방식을 벗어나는 데 핵심적인 역할을 했고, 이후 변화의 움직임이 서서히 시작될 수 있었다.

1950년대: 사회보장 제도의 개선

20세기 중반이 되어서야 사회보장법 및 직업재활법 개정으로 장애인을 위한 재정적인 보호 및 고용 지원이 확대되었다. 1954년 드와이트 D. 아이젠하워 대통령은 직업재활(VR)을 위한 지원을 늘리고, 장애로 인해 일자리를 잃게 될 위험에 처한 사람들이 사회보장 혜택을 잃지 않도록 보장하는 개정안에 서명했다. 이어서 1956년에는 사회보장법을 추가로 개정, 사회보장장애보험

(Social Security Disability Insurance, SSDI)을 도입했다. 이 보험은 사회보장 지침을 충족하는 장애로 인해 1년 이상 일하지 못하는 사람들에게 매월 현금으로 급여를 지급한다. 그러나 이 법안의 더 큰 목표는 직장에 복귀하게 하는 것이다. 사회보장장애보험 제도는 시행된 이후로 정치적 논쟁의 중심 주제가 되었는데, 보수주의자들은 이것이 게으름을 부추긴다는 비장애 중심적인 주장을 내세우고 있고, 진보주의자들은 이 프로그램이 사회적, 재정적으로 꼭 필요하다고 강조한다.

1960년대: 접근성과 수용

1960년대 초, 정신건강 정책과 함께 지적장애인 및 발달장애인들의 권리에 대한 변화가 일어났다. 이는 대부분 존 F. 케네디 대통령의 업적이다. 1963년 케네디 대통령은 지역 정신지체 및 정신건강센터 건설법(Mental Retardation and Community Mental Health Centers Construction Act, CMHA)에 서명했다. '지역정신건강법'이라고도 부른 이 법 덕분에 기존의 수용소를 대체할 지역정신건강센터가 설립되었다.

  케네디 가문은 이러한 유산을 계속 이어 갔다. 존 F. 케네디 대통령의 여동생인 유니스 케네디 슈라이버(Eunice Kennedy Shriver)는 1968년에 지적장애인과 발달장애인을 위한 '스페셜 올림픽'을 시작했다. 최초의 대회는 시카고에서 개최했으며, 이 프로그램은 현재까지도 지적장애와 발달장애가 있는 사람들에 대한 편견을 없애는 데 큰 역할을 하고 있다. 스페셜 올림픽 선수이자 지적장애가 있는 로레타 클레이본(Loretta Claiborne)은 이 경험이 자신의 인생을 바꾸었다고 말했다. 그녀는 이전에 따돌림과 괴롭힘을 경험하며 그에 대항해 자주 싸움을 벌이곤 했었다. 하지만 지금은 스페셜 올림픽 선수로서 이 플랫폼을 통해 자신이 무엇을 할 수 있는지 세상에 보여 주려고 노력하며, 장애인에 대한 세상의 인식을 바꾸는 데 기여하고 있다.

1968년에는 또 하나의 큰 정책상의 변화가 있었다. 건축장애물법(Architectural Barriers Act, 노약자와 장애인을 위해 주차 공간, 출입구, 편의 시설, 건물 내 경사로 등 필요한 시설의 설치를 의무화한 법—옮긴이)이 제정된 것이다. 이는 건축물의 장애인 접근성 보장을 의무화한 법으로 비록 연방정부 자금으로 지어진 공공건물에만 적용된 한계가 있었지만, 평등한 접근권을 위한 올바른 방향으로의 큰 전환을 이끌었다고 할 수 있다.

1970년대: 권리를 위한 투쟁 확산

1970년대에 들어 장애인 권리를 위한 투쟁은 혁명으로 나아가고 있었다. '행동으로 가득찬 10년'은 장애인 권리 운동가인 주디스 휴먼(Judith Heumann)이 뉴욕시 교육위원회를 상대로 제기한 역사적인 소송으로 시작되었다. 당시 22세로 대학 졸업을 앞두고 있던 휴먼은 교사 자격증을 취득하려 노력하고 있었다. 휴먼은 어릴 때 소아마비를 앓아 휠체어를 사용하고 있었는데, 신체검사에서 차별을 받고 자격증 취득을 거부당했다. 휴먼은 이러한 부당함에 맞서 싸워 결국 승리했고 이후 열렬한 장애 운동가로 성장하게 된다.

1972년은 뉴스 기자 제럴드 리베라(Gerald Rivera)에 의해 뉴욕 윌로우브룩 주립학교의 경악할 만한 실상이 백일하에 드러난 해이다. 이 학교는 장애인들을 창고에 처박은 물건처럼 취급했다. 장애인들이 제대로 입지도 먹지도 못한 채 오물이나 자신의 배설물 속에 방치된 끔찍한 모습은 그때까지 누구도 상상하지 못했던 것이었다. 엄청난 반향을 일으킨 리베라의 폭로에도 불구하고 윌로우브룩 학교는 달라지지 않았다. 1987년에 폐쇄되기 전까지 인권 침해는 계속되었고 장애인들은 열악한 환경에서 생활해야 했다. 현재도 여전히 많은 장애인이 지역사회 대신 시설에 머물고 있는 실정이다.

이어서 1973년에 장애인재활법(Rehabilitation Act)이 제정되었다. 이 획기적인 장애인 권리 법안은 건축장애물법을 집행하고 지침을 제공하기 위한 미국접근성위원회(U.S. Access Board) 구성, 연방 프로그램, 자금 지원 프로그램 그리고 고용주에 의해서 벌어지는 차별적 행위 금지 등 여러 핵심 이슈를 담고 있었다. 1974년에는 시카고에서 마지막으로 '어글리법(Ugly Laws, 19세기에 미국의 여러 도시와 주에서 시행된 법안으로, 외모나 신체적 장애로 사람들에게 불쾌감을 주는 사람의 공공장소 출입을 금지하는 내용—옮긴이)'이 폐지되었다. 이 법안은 1800년대의 유물로서 공공의 시선에 적합하지 않다고 간주되는 걸인들을 길거리에서 쫓아내기 위한 것이었다. 즉 눈에 띄는 신체적 차이를 가진 사람은 단지 다른 사람들에게 잘 보이는 곳에 있다는 이유로, 심지어 보기 흉하다는 이유만으로 곤경에 처할 수 있다는 뜻이다.

1975년, 또 다른 획기적인 법안인 '장애아동교육법(Education for All Handicapped Children Act)'이 통과되어 모든 장애 아동이 공교육을 받을 수 있는 권리를 확립했다. 이 법은 1997년에 '장애인교육법(Individuals with Disabilities Education Act, IDEA)'으로 명칭이 변경되었다. 장애인교육법은 교육 분야에 상당한 진전을 가져왔지만 이것만으로는 충분하지 않다. 수십 년간 시행되어 왔는데도 불구하고 아직 정부에서는 이 법의 시행에 충분한 자금을 지원하지 않고 있다.

1970년대에 장애인 커뮤니티는 여러 입법적 성과를 거두긴 했지만 장애인의 권리와 독립을 위한 긴박한 싸움은 계속되었다. 1977년까지도 장애인재활법(자격을 갖춘 장애인은 장애를 이유로 연방 정부의 재정 지원을 받는 프로그램이나 활동에서 배제되거나 혜택을 거부당하거나 차별을 받을 수 없다고 규정함―옮긴이)은 법적으로 어떻게 해석해야 할지 명확히 정의되지 않아 시행 규정조차 제대로 마련되지 못한 상태였다. 이 법이 적절히 시행되려면 보건교육복지부(Department of Health, Education, and Welfare)에서 법안에 명시된 여러 개념의 의미와 범위, 대상을 명확히 하여 행정적 지원에 필요한 규정을 마련해야 했지만 정부 기관 간 이해 관계 충돌로 규정의 시행이 계속 지연되었다. 참다 못한 장애 활동가들은 1977년 4월 5일, 전국의 보건교육복지부 지역본부에서 연좌 농성을 시작했다. 샌프란시스코에서는 30여 일간 건물을 점거하고 시위를 계속했는데 이는 지금까지도 미국 내 최장 기간 비폭력 연방 건물 점거 농성으로 기록될 만큼 큰 영향력을 발휘했다. 이것이 바로 '504 시위'로 알려진 상징적 시위다. 이 시위에는 사회 정의에 관심을 둔 여러 단체도 힘을 모아 행동을 촉구했는데, 특히 중요한 역할을 한 것은 블랙 팬서(Black Panther Party, 1966년 미국에서 흑인 인권 보호와 사회 정의 실현을 목표로 창설한 단체―옮긴이) 당원들이었다. 그중에는 이미 오랫동안 장애인 권리 운동에 참여한 브래들리 로맥스(Bradely Lomax)도 있었다. 블랙 팬서 멤버들은 지지와 연대를 표현하며, 건물 내의 시위자들에게 음식을 조달하는 등의 행동으로 지원했다.

로맥스와 주디스 휴먼 등은 시위대와 함께 워싱턴 D.C.로 이동하여 더 많은 주목을 받았고, 조지프 칼리파노 장관에게 문제의 규정에 서명하도록 촉구했다. 마침내 4월 28일, 강력한 행동의 물결에 밀려 칼리파노 장관이 장애인 권리를 위한 규정에 서명했다. 힘겹게 얻어 낸 승리였고 앞으로 해야 할 일도 너무나 많았다. 휴먼은 회고록 『나는, 휴먼(Being Heumann)』에서 시위에 대한 반응을 이렇게 회상한다.

"대중은 깜짝 놀랐습니다. 사람들은 장애인을 전사로 생각해 본 적이 없었으니까요. 하지만 그건 그들의 생각입니다. 우리는 그저 일상에서 눈에 띄지 않았을 뿐이에요. 학교나 일터에서 우리가 접근하도록 허락하지 않았기 때문이죠."

연좌 농성과 활동가들의 노력이 이러한 인식을 바꾸는 데 결정적인 역할을 한 것이다.

미국 전역에서 풀뿌리 행동주의가 굳건히 자리를 잡아 갔다. 콜로라도주 덴버에서는 헤리티지 하우스 요양원에서 일하던 웨이드 블랭크라는 남자가 그곳에 갇혀 있던 19명의 젊은 장애인을 풀어 주고 얼마간의 조력을 받아 지역사회에서 자유롭게 살아가도록 도와 주었다. '19인의 갱단(Gang of 19)'으로 알려진 이들은 1978년 여름 또 다른 중요한 장애인 권리 시위를 주도하기에 이른다. 휠체어 접근이 가능한 버스가 턱없이 부족한 문제를 해결하기 위하여 "우리는 탈 것이다(We'll ride)!"라는 구호를 외치며 교차로를 점거한 것이다. 그 결과 지역 대중교통 관계자들과 회의를 열고 대책을 마련할 수 있었다. 이 시위는 변화를 촉발하기 위해서 미래의 시민 불복종 운동이 걸어가야 할 길을 열어 주었다.

1980년대: 스스로 우뚝 서다

앞선 10년 동안 이루어 낸 주목할 만한 진전에 힘입어 장애인 커뮤니티는 계속 전진해 나갔다. 1983년 '19인의 갱단'은 미국에서 가장 주목받는 장애인 활동가 단체의 하나인 미국장애인지원프로그램협회(American Disabled for Attendant Programs Today, ADAPT)를 공식적으로 결성한다. 흑인 장애인 활동가로 잘 알려졌으며 장애인의 권리를 위한 비폭력 시민 불복종 운동에 참여하여 무려 130회 이상이나 체포된 경력이 있는 아니타 카메론(Anita Cameron) 역시 중심 인물 중 하나다. 그는 2018년 《퍼시픽 스탠다드》와의 인터뷰에서 "시민으로서의 우리 권리를 방해한다면 한소리 듣게 될 것"이라고 경고했다.

1984년에는 패럴림픽(Paralympic Games)이 미국에서 처음으로 개최되었다. 패럴림픽은 본래 부상당한 제2차 세계대전 참전용사들을 위해 마련된 스포츠 이벤트였으나 지금은 올림픽이 열리는 해마다 함께 개최되어 세계 각국의 장애인 선수들이 참가하고 있다.

정치 분야에서도 눈에 띄는 성과가 있었다. 1984년에는 노인및장애인을위한투표접근성법(the Voting Accessibility for the Elderly and Handicapped Act), 1986년에는 항공운송접근성법(the Air Carrier Access Act)이 통과된 것이다. 첫 번째 법은 투표소가 장애인의 접근성을 높일 것을 의무화했고, 두 번째 법은 민간 항공사가 장애인을 차별하지 못하도록 의무화했다. 작게나마 중요한 진전이 이루어졌으나 이 두 법안은 아직도 완전히 실현되지 못하고 있다. 이 점은 나를 포함한 수많은 장애인이 입증할 수 있다. 나는 비행을 무서워하지는 않지만 내 휠체어가 화물칸에서 수하물처럼 잘못 취급되어 파손될까 봐 비행기가 두렵다. 투표용지에 기표하는 데 아무런 문제가 없는데도 많은 장애인이 투표권을 행사하는 데 장벽에 부딪힌다. 장애인용 교통수단이 부족하여 투표소에 갈 수 없다거나, 도착했더라도 투표소 직원이 시각장애인을 위한 장애인용 투표기를 조작할 수 없는 경우 등이 그러한 예다.

1980년대가 끝나갈 즈음까지도 장애인의 권리와 대표권을 위한 싸움은 계속되었다. 청각장애 및 난청자를 위한 학교인 갤러댓 대학교에서 일어난 'DPN 운동' 또한 그중 하나다. 이사회가 비장애인을 대학 총장으로 임명했다는 발표가 나오자, 학생들은 강력한 항의의 표시로 '청각장애인 총장을 지금 당장'(Deaf President Now, DPN)이라는 구호를 내걸었다. 당시 갤러댓 대학교 학생회장이었던 그레그 힐보크(Greg Hlibok)는 이러한 움직임을 이끈 리더 중 한 사람이다. 그는 후일 DPN 운동을 장애인 대표권을 위한 노력의 전환점으로 회상하면서 이렇게 말했다.

"처음에는 청각장애인도 충분히 대학 총장이 될 수 있다는 주장을 알리기 위한 학내 문제로 시작되었죠. 그런데 이를 계기로 장애인 접근성 및 수화(Sign Language, 손을 이용한 언어로 청각장애인들이 사용하는 언어—옮긴이)에 대한 인식이 폭발적으로 증가하였고, 전 세계적인 인권 운동으로 더욱 큰 파장을 일으키며 번져 갔던 겁니다."

1990년대: 장애인 인권의 승리

장애인 인권 활동가들은 1990년대를 강렬하게 시작했다. 장애 활동가들의 열성적인 노력, 톰 하킨 전 상원의원 및 고 메이저 오웬스 하원의원을 비롯한 공직자들의 강력한 지지 덕분에 바야흐로 미국장애인법이 통과를 앞두고 있었다. 법안 통과를 추진한 노력의 정점에는 '미국장애인법의 아버지'로 알려진 활동가, 저스틴 다트 주니어(Justin Dart. Jr)가 있었다. 그와 그의 아내 요시코는 장애인 사회의 다른 구성원들과 함께 미국 전역을 돌며 장애인과 그들에게 가장 중요한 문제가 무엇인지에 관해 이야기하고, 이 대화에서 공유된 정보를 초안 작성에 활용했다. 그러나 통과가 가까워질수록 법안 통과는 하원에서 어려움에 부딪히게 된다. 1990년 3월, 시위자들은 입법가들이 행동하도록 강력히 촉구하기 위해서 모여들었다. 그들 중에는 휠체어를 버려 둔 채 미국 의회 의사당 계단을 기어오르는 장애인들이 있었다. '캐피톨 크롤(Capitol Crawl)'로 알려진 이 행위는 장애인들이 매일 직면하는 장벽을 입증하기 위한 것이었다. 이는 장애인 인권 운동에서 가장 상징적인 순간 중 하나였다. 캐피톨 크롤에 참여했던 활동가 아니타 카메론은 《뉴모빌리티 매거진》과의 인터뷰에서 "마치 우리가 역사책 속으로 기어들어 가는 것 같았어요."라고 회고했다. 당시 8세였던 제니퍼 킬런-샤핀스는 시위대의 선두에 서서 계단을 오르고 있었다. 그리고 이렇게 외쳤다. "필요하다면 밤새도록 하겠어요!" 비디오로 몇 번이나 보면서도 나는 여전히 그들의 모습에 가슴이 뭉클하고 자부심을 느낀다. 이후 〈JKCLegacy.com〉의 창립자이자 도서 『All the Way to the Top: How One Girl's Fight for Americans with Disabilities Changed Everything(계단 꼭대기에 이르기까지: 한 소녀의 투쟁은 어떻게 모든 것을 바꿔 놓았나)』의 저자로 성장한 그녀에게 내가 의사당 계단에서의 그 순간이 의미하는 바를 물었을 때 그녀는 이렇게 말했다.

"이 운동에 깊이 관여했던 한 사람으로서 나는 나에게, 나 자신뿐만 아니라 현재와 미래 세대 모두의 장애인을 대표하는 큰 책임이 있다는 것을 깨달았습니다."

시위대의 행동은 실제로 커다란 유산을 남겼다. 그로부터 몇 달 후인 1990년 7월 26일, 양당의 지지를 바탕으로 조지 H. W. 부시 대통령이 미국장애인법을 공식화한 것이다. 저스틴 다트 주니어와 나란히 선 그는 "수치스러운 배제의 벽이 마침내 허물어질 것"이라 선언했다. 이 획기적인 순간 이후 활동가들은 여전히 높은 벽을 허물기 위해 계속 노력해 왔다.

내가 세상에 태어난 것은 이 날로부터 꼭 1년 3일 후다. 즉 나는 장애인법의 시민권 보호가 이미 제공된 장애인 세대에 속한다. 장애인 권리 운동이 이미 많은 발전을 이룩해 왔다는 사실만 보더라도 이 시기에 태어난 나는 정말 운이 좋은 편이다. 그러나 법안이 통과된 지 30년이 넘었는데도 여전히 우리가 가야 할 길이 멀다는 사실은 명백하다.

1995년, 로이스 커티스라는 흑인 장애 여성이 수용 시설에서의 생활로부터 자유로워지기 위한 투쟁의 중심에 섰다. 1996년에는 수용 시설에서 생활하는 또 다른 장애 여성 엘레인 윌슨이 그와 힘을 합쳐 '올름스테드(Olmstead) 판결'로 알려진 특별한 소송의 원고가 되었다. 이 소송은 장애인이 지역사회에서 생활할 권리에 중점을 두었다. 1999년 이 소송은 미국 대법원에 상고되었고, 대법원에서는 장애인의 불필요한 시설 수용을 금지한다고 판결했다. 이 획기적인 판결은 위대한 대법관 루스 베이더 긴즈버그(Ruth Bader Ginsburg)에 의해 이루어졌다. 그는 장애인을 시설에 격리 수용하는 것은 그들이 공동체 생활에 참여할 능력이나 가치가 없다는 부당한 추정을 영속화한다고 주장했다. 이것은 한 세기에 걸친 장애인의 권리를 향한 추진력에 정점을 찍는 강력한 승리였다.

21세기: 앞으로 앞으로

장애인 커뮤니티를 위한 길을 열어 준 옹호자들의 노고와 유산은 21세기까지 이어졌다. 2000년대 초반 첫 20년은 정치적, 문화적인 후퇴와 힘들게 얻은 성과 사이의 줄다리기 시합과도 같았다. 다음은 가장 중요한 몇몇 사건의 타임라인이다.

2002　버몬트주가 모든 보호 작업장을 폐쇄하며 장애인을 위한 포용적인 고용 기회에 중점을 둔 모범 사례를 만들다.

2006　아리 네에만(Ari Ne'eman)과 스콧 마이클 로버슨(Scott Michael Robertson)이 자폐인들이 참여하고 운영하는 단체 '자폐증 자기 옹호 네트워크(The Autistic Self Advocacy Network)'를 설립하다.

2010　버락 오바마 대통령이 '21세기통신및영상접근법(Twenty-First Century Communications and Video Accessibility Act)'에 서명하여 장애인을 위한 다양한 디지털 의사소통 기술에 대한 접근성을 확대하다.

2011　유엔 총회가 매년 3월 21일을 '세계 다운증후군의 날'로 공식 인정하다.

2012　태미 더크워스(Tammy Duckworth)가 외관상 드러나는 신체장애가 있는 여성으로서는 최초로 미국 상원 의원으로 선출되다.

2012 　미국 상원이 유엔 장애인권리협약(the Convention on the Rights of Persons with Disabilities, CRPD) 비준을 거부하다. 미국장애인법(ADA)을 모델로 한 이 협약은 이미 다른 126개국에서 비준을 받은 상태였다.

2013 　다운증후군 여성인 제니 해치(Jenny Hatch)가 그룹홈에서 살기 원했던 부모를 상대로 한 법적 소송에서 승리하고 지역사회에서 자신이 원하는 삶을 살게 되다.

2014 　ABLE법(Achieving a Better Life Experience Act, 장애인이 특정한 목적의 계좌에 저축한 돈은 장애인에게 부여하는 국가 혜택에 영향을 주지 않도록 보장하는 법으로, 장애인의 경제적 자립과 자산 축적을 지원하기 위한 것임―옮긴이)이 통과되다.

2015 　리아 카츠-헤르난데즈(Leah Katz-Hernandez)가 청각장애인으로서는 최초로 백악관 대통령 집무실의 사무원이 되다.

2017 　ADA교육및개혁법(ADA Education and Reform Act)이 하원에 제출되었는데 그 내용은 오히려 미국장애인법(ADA) 시행을 약화시키려는 것이어서 논란을 일으킨다. 이 글을 쓰는 시점에서 하원은 통과했지만 상원에서는 통과되지 않은 상태다(이 법안은 미국장애인법에 규정된 공공시설 접근성 관련 규정을 변경하려는 내용이다. 장애인이 공공시설 접근성 문제로 소송을 제기하기 전 서면으로 먼저 통보하게 한 것인데, 이는 사업체의 접근성 준수 의무를 약화시킬 수 있어서 장애인들의 반발을 일으켰다. 2025년 현재 법안으로 공식화되지 않았다―옮긴이)

2017　장애인 시위대에서 큰 폭의 예산 삭감을 제안한 상원 법안에 맞서 메디케이드(Medicaid, 미국의 국민 의료 보조 제도로 65세 미만의 저소득층과 장애인을 지원하기 위해 연방정부와 주정부가 공동으로 재정을 보조하고 운영은 주에서 맡게 되어 있음. 그러나 여러 가지 까다로운 기준을 충족해야 해서 실제로 이 혜택을 받는 이들은 많지 않음—옮긴이)를 사수하는 데 성공했다.

2019　앨리 스트로커(Ali Stroker)가 브로드웨이의 〈오클라호마!〉에서의 연기로 휠체어 사용자로서는 최초로 토니상(Tony Award, 연극과 뮤지컬 분야에서 최고로 꼽히는 상—옮긴이)을 수상했다.

2020　코로나-19 대유행 중에 정치인, 의료 전문가, 생명 윤리학자들이 장애 상태 및 기존 질환을 기준으로 의료복지 혜택을 할당하는 일에 관해 논의했다. 장애인 커뮤니티에서도 이 문제의 해결을 위해 투쟁하고 있다.

장애인 커뮤니티는 매 순간 조금씩 발전을 거듭하며 나아가고 있다. 지금까지 많은 활동가가 변화를 향해 피와 땀, 눈물을 바쳐왔지만, 여전히 할 일은 너무나 많다. 이렇게 '역사의 휠체어'는 계속 굴러간다.

다양한 장애 운동의 전개

장애 커뮤니티와 그 역사에 관해 이야기할 때 잊지 말아야 할 것은 이 대화에서 종종 배제되는 이들이 있으며, 바로 그 배제된 사람들이 변화와 진전을 이루는 주역이었다는 사실이다. '커뮤니티'라고 말하고 있으나 장애인 모두가 하나의 통합된 거대그룹으로 존재하는 것은 아니다. 물론 인간으로서 동등한 권리를 지닌다는 가치관은 공유한다. 그러나 특정한 장애인 집단이 경험하는 차별의 유형은 무척이나 다양하고 그에 따라 커뮤니티 내에서 전개해 온 운동의 유형 또한 다양하다. 이러한 운동이 항상 일사불란하게 이루어진 것도 아니다. 사실 우리 커뮤니티 내에서도 권력과 특권을 가진 사람들의 역학 관계 때문에 충돌이 일어나기도 한다. 서로 다른 장애가 있는 사람들이 다른 운동을 지지하며 함께 나아가는 활동을 우리는 '전장애포괄(cross-disability) 활동'이라고 부른다. 이 장은 누군가의 경험을 지워 버리려는 것도, 장애 운동과 그 역사에 대해 포괄적으로 소개하려는 것도 아니다. 그보다는 공존하는 여러 장애 운동 중 일부를 조명해서 모든 장애인이 동일하지 않으며 저마다의 권리를 위한 서로 다른 싸움에 참여하고 있다는 점을 강조하고자 한다.

자립생활 운동

1962년, 청소년 시절에 소아마비에 걸려 장애인이 된 에드 로버츠(Ed Roberts)는 캘리포니아 대학 버클리 캠퍼스에 입학한 최초의 휠체어 사용자였다. 입학 후 그는 다른 장애인 학생들과 '롤링 쿼드(the Rolling Quads, '휠체어'와 '사지 마비'를 합친 용어임—옮긴이)'라는 일군의 그룹으로 알려진다.

이들은 10여 년에 걸쳐 신체장애 학생들을 위한 서비스 제공과 접근성 증진을 위한 프로그램을 기획했고, 이것이 1972년 버클리 자립생활센터 설립으로 이어진다. 이들의 의도는 장애인이 격리된 별도 시설에 들어가 제한된 생활을 하는 대신 지역사회에서 잘 살아갈 수 있도록 지원하는 데 있었다. 여기서 '자립생활 운동(Independent Living Movement)'이 시작되었다. 자립생활센터는 미국뿐만 아니라 세계 전역의 장애인들이 자신의 삶을 스스로 운영하도록 지원하고 권한을 부여하기 위해 설립된 비영리 기관이다.

에드 로버츠는 1989년 〈60 Minutes〉(미국 CBS 네트워크사의 뉴스매거진 프로그램—옮긴이) 인터뷰에서 이때의 활동을 돌아보며 말했다.

"기관이나 요양원에서의 삶이란 어떤 것일까요? 별로 좋지 않은 삶이죠. 그런데 우리는 그것에 수십억 달러를 쓰고 있습니다. 우리가 해야 할 일은 그 돈을 특정하고도 강력한 이해

관계에서 끄집어내어 지역사회로 옮기고 삶의 질 문제를 해결하는 것입니다. 우리는 격리되는 것을 원치 않습니다."

이것이 바로 자립생활센터 설립을 통해 추구하는 목표이자 이념으로, 다양한 장애가 있는 사람들이 지역사회에서 삶을 영위할 수 있도록 하는 '전장애포괄' 접근성이다.

자립생활 운동의 이념은 나 역시 오랫동안 생각해 왔던 것이다. 나는 장애인 권익 운동가로 활동하기 시작할 때부터 이 운동에 동참했고 지역별 자립생활센터에서 인턴으로 활동했으며, 나중에 자립생활센터 국가위원회 이사직을 맡기도 했다. 하지만 이것만큼은 인정해야 할 것 같다. 역사적으로 자립생활 운동은 주로 백인이 주도한 신체장애인 중심의 운동이었으며 지금까지도 그러하다. 나 또한 이 운동과 그것을 이끌어 온 사람들 덕분에 큰 혜택을 받았고 마땅히 이 운동을 지지하고 있다. 그러나 이것이 진정으로 모든 장애인을 포용하고 그들을 위한 것이 되려면 아직도 해야 할 일은 너무나 많다.

장애정의 운동

사회가 장애를 이해하고 장애인의 권리를 옹호하려는 활동을 진행하는 과정을 보면 그 중심에 특권적 지위를 가진 사람들이 있었다는 사실을 알 수 있다. 다시 말해 특권적 지위를 가진 사람들이 우선시되거나 주목받았다. 이러한 현실을 바꾸기 위해서 '장애정의(Disability Justice)'라는 개념이 나왔다.

장애정의는 다양한 형태의 편견과 차별이 교차하는 지점과, 소외된 정체성을 가진 사람들에 대한 인식을 토대로 한다. 이따금 장애권리(Disability Rights)라는 개념과 혼용되는 경우가 있지만 이 둘은 같지 않다. 장애정의는 장애권리에 관한 광범위한 논의의 와중에서도 자주 배제되고 소외된 장애인들을 중심에 둔, 즉 장애권리에서 갈라져 나온 일종의 프레임워크다.

퍼포먼스 그룹 '신스 인밸리드(Sins Invalid, 다양한 장애인 예술가들이 협력하여 음악, 그림 등 다양한 예술 활동으로 장애정의를 표현하는 단체—옮긴이)'에서 펴낸 책 『Skin, Tooth, and Bone: The Basis of Movement Is Our People(피부, 이, 뼈, 이들은 우리 움직임의 기초입니다)』는 장애권리에 중점을 둔 운동에서 너무 오랫동안 제외되어 온 많은 이들과 그들의 정체성에 대해 본격적으로 파헤치는 책이다.

> 장애권리 운동은 장애정의를 위한 구체적이고 근본적인 전진이었지만, 어두운 이면도 있다. 피부색이 다른 장애인, 장애가 있는 이민자, 소수 종교를 믿는 장애인(특히 반이슬람주의자들로부터 증오와 폭력을 경험한 사람들), 장애가 있는 동성애자, 장애가 있는 성전환자 및 성 정체성에 있어 주류와는 다른 사람들, 홈리스 장애인, 감옥에 수

감된 장애인, 조상의 땅을 빼앗긴 원주민 장애인 등의 삶은 보이지 않았던 것이다.

장애정의 운동을 통해 나는 내가 가진 특권, 즉 주류의 성 정체성을 가진 백인 여성이라는 점을 이해하게 되었다. 장애정의는 장애권리를 옹호하려는 노력에서도 종종 소외되거나 배제되는 소수자 정체성 장애인들과 연대할 수 있게 하는 프레임워크이기도 하다. 이처럼 장애정의의 핵심은 모든 장애 경험이 동일하지 않다는 것을 인식하는 것에 있다. 작가이자 교육자, 사회운동가인 미아 민거스(Mia Mingus)는 자신의 블로그에서 이렇게 설명한다.

"장애정의는 '우리는 당신과 똑같다'라는 평등 기반의 동일성 모델에서 벗어나, 차이를 받아들이고 특권에 도전하며 모든 분야에서 '정상'이라 여겨지는 것에 도전하는 장애 모델로 나아가는 것이다."

자기옹호 운동

오랜 기간 지적장애 및 발달장애(I/DD)를 가진 사람들에 대해서 사회 전반적으로 만연했던 태도가 있다. 이러한 장애가 있는 사람은 스스로 말하거나 결정을 내릴 수 없고, 그래서도 안 된다는 생각이다. 이것은 인지능력이야말로 인간의 존엄성과 가치, 시민으로서의 자격과 권리를 결정하는 요소라는 차별적인 신념에 깊이 뿌리내린, 전적으로 잘못된 사고 관점이다. 이렇게 널리 퍼져 있는 오해에 맞서기 위한 강력한 움직임이 바로 '자기옹호 운동(self-advocacy movement)'이다.

1974년에 미국 오리건주에서 지적장애 및 발달장애(I/DD)를 가진 소수의 사람이 모여 '피플 퍼스트(People First)'라는 단체를 결성했다. 이 이름은 장애가 있는 사람도 인간이며 그들의 정체성을 장애로만 규정해서는 안 된다는 의미였다. 피플 퍼스트는 장애인들이 주축이 되어 주도하는 단체로 성장하였으며, 장애가 있는 이들을 시설에 격리하는 편이 지역사회에서 살아갈 수 있도록 지원하는 것보다 훨씬 낫다고 믿는 사회적 편견에 맞서 싸웠다.

자기옹호 운동의 리더이자 필라델피아에 본부를 둔 단체 'Speaking for Ourselves'의 대표를 역임한 롤랜드 존슨(Roland Johnson)은 자서전 『Lost in a Desert World(사막의 세계에서 길을 잃다)』에서 이렇게 말했다.

"사람은 커뮤니티에 있어야 합니다. 왜냐하면 시설에서는 돈이 소비되는데, 그 돈은 거기 있는 사람들에게만 쓰일 뿐 지역사회에는 투자되지 않습니다. 서비스는 지역사회에 있어야 하며 시설에 있어서는 안 됩니다."

자기옹호 운동의 지지자들은 이러한 현실을 개선하기 위

해 노력을 계속하고 있다. 이 운동은 점차 확산해 미국 전역에 1,200개가 넘는 지역 자기옹호 단체가 설립되고 장애인이 스스로 목소리를 내고 자기 권리를 선택할 수 있도록 돕고 있다. 자기옹호 활동가인 맥스 배로우즈(Max Barrows)도 그중 한 사람으로 10여 년간 '그린 마운틴(Green Mountain Self-Advocates, 미국 버몬트주에서 활동한 자기옹호 단체―옮긴이)'에서 소통 담당관으로 일했고 자치회 이사로도 활동했다. "우리를 누가 우리보다 잘 알겠어요?" 그는 이렇게 질문처럼 말하곤 했다. "장애인은 자기 삶에 대한 일, 정책 및 결정에서 더 많은 주도적 기회가 필요합니다." 이는 점심 메뉴를 선택하는 것부터 친구 또는 로맨틱한 파트너를 고르는 것, 옷을 고르는 것, 어디에 살지를 결정하는 것까지 크고 작은 모든 결정을 포함한다. 부모, 교사, 보호자, 의료 전문가가 장애인을 대신하여 결정을 내려야 한다고 믿는 세상에서 자기옹호 운동은 새로운 변화를 계속해서 만들어 가고 있다.

신경다양성 운동

우리는 너무나 오랫동안 누군가는 '좋은' 뇌나 '나쁜' 뇌를, 혹은 누군가는 '정상적인' 뇌나 '비정상적인' 뇌를 가졌다고 믿어 왔다. 신경다양성(Neurodiversity)은 이처럼 근거 없는 편견에 기반한 판단을 거부하며 모든 사람의 뇌는 똑같지 않다는 자연스러운 사실을 받아들이는 개념이다. '신경다양성 운동'에 의하면 뇌에 장애와 관련된 모종의 차이를 가진 사람은 '신경다양인(neurodivergent)', 이러한 차이가 없는 사람은 '신경전형인(neurotypical)'이라고 부른다.

자폐 활동가이자 저널리스트인 사라 루터만(Sarah Luterman)은 신경다양성 운동이 자신을 어떻게 바꿔 놓았는지에 대해 이렇게 말했다.

"나는 언제나 나 자신에 대해 이런 개념을 가지고 있었죠. 나는 나쁜 사람일지도 모르겠다는 생각 말이에요. 사람들은 나를 싫어했는데 나로선 왜 그런지를 이해할 수 없었으니까요. 그러니 논리적으로 보면 내가 나쁜 사람일 거라는 생각이 당연했지요. 그런데 신경다양성 덕분에 그렇지 않다는 걸 깨달았어요. 나는 다른 종류의 뇌를 가졌을 뿐, 도덕적으로 좋고 나쁨과는 아무런 상관없는 일이었어요."

신경다양성은 인간의 뇌의 다양성을 자연스럽게 받아들이고 이해하는 데 중요한 개념적 틀이다. 다만 신경다양성 운동을 주도하는 이들이 신경전형인이 아니라는 점은 주목할 필요가 있다. 제시카 M. F. 휴즈(Jessica M. F. Hughes) 박사는 "신경다양성은 세계의 모든 사람을 포함하고 신경이상을 가진 사람들의 경험을 중심으로 하는 '빅텐트(big tent)' 개념이지만, 신경다양성 운동은 그 범위가 훨씬 작다. 주로 자폐증을 가진 자폐 권익 운동가들이 현대의 신경다양성 운동을 주도하고 있다."라고 말한다.

신경다양성 운동을 주도하는 사람들은 자신들의 신경다양성을 축하할 일로 여긴다는 사실은 중요한 의미가 있다. 신경다양성은 치료가 필요한 무언가가 아니다. 없어져야 하는 것도 아니다. 다만 그들을 그들이게끔 하는 정체성의 일부분이다. 신경다양성 운동의 초기 발판을 마련한 것으로 알려진 자폐 활동가 짐 싱클레어(Jim Sinclair)는 에세이 『Don't Mourn for Us(우리를 위해 울지 마세요)』에서 이렇게 말했다. "진짜 비극은 우리가 이렇게 존재한다는 사실이 아니라 당신들의 세상에 우리의 자리가 없다는 것, 그것이다."

정신질환생존자 운동

'정신질환생존자 운동(psychiatric survivors movement)'은 '소비자 운동(consumer movement)' 또는 '환자경험자 운동(ex-patient movement)'이라고도 부른다. '정신질환생존자'란 정신질환을 가진 사람들로서, 자발적 혹은 타인의 강요에 의해서 시설 수용을 포함한 정신건강 중재를 경험했던 사람을 가리킨다.

1970년대에 운동이 시작될 무렵에는 '환자경험자'라고 밝힌 사람들이 이 운동을 주도했다. 주디 챔벌린(Judi Chamberlin)은 저서 『On Our Own: Patient-Controlled Alternatives to the

Mental Health System(정신건강 처방은 환자인 우리 스스로 만들어야)』에서 "수치심이라는 딱지를 떼고 이를 자부심으로 바꾸려고 했다."라고 말했다. 자부심은 이 운동을 주도한 많은 이들에게 핵심적이었다. 이들은 자신에게 씌워진 사회적 낙인에 반발하여 '미친 자부심(Mad Pride)'이란 용어를 수용, 자신들의 정체성을 자랑스러운 것, 축하할 만한 것으로 승화시킨다. 사람들은 이 운동의 이름부터 현재의 정신건강 관리 체계 개선 여부와 방법, 그리고 그러한 체계의 폐지에 이르기까지 다양한 의견을 표명하고 있다. 그러나 이 운동의 핵심 원칙 한 가지는 명확하다. 바로 의료 기관의 관점이 아닌 정신질환자가 논의의 중심에 있어야 한다는 것이다.

작가이자 활동가인 리아 해리스(Leah Harris)는 자신이 정신질환생존자라고 밝히며 내게 이렇게 말해 주었다. 이 운동에서 나온 가장 강력한 개념 가운데 하나는 '동료 지원(peer support)'이며 이는 실제 경험을 가진 사람들이 서로에게 제공하는 정신건강 지원이라고 말이다. 이 개념을 두고 해리스는 '혁신이자 세상에게 주는 우리의 선물'이라고 표현했다. "기존의 정신과 치료 시스템과는 매우 다릅니다. 환자가 사는 곳을 방문해 강압적이지 않은 지원을 제공하는 것이죠. 그것은 환자의 공간을 유지하고 편견 없이 듣는 일입니다." 이 광범위한 운동이 아직까지 완전히 한목소리로 통합되지는 않았지만 해리스는 언젠가 세상 모두가, 이 운동으로부터 수많은 아름다운 것들이 생겨났다는 사실을 인정할 것을 바라고 있다.

4장
비장애중심주의와 접근성

비장애 중심적인 사회에서 살아가는 것은
장애인에게는 엄청나게 힘든 일이다.

앨리스 웡(Alice Wong, 도서 『21세기 장애 당사자들의 목소리』 편집자)

'-주의'라고 불리는 용어들 중 몇 가지는 특정 집단에 대한 차별을 나타내는 용어로 누구나 익숙할 만큼 널리 쓰이고 있다. 성차별주의, 연령차별주의, 동성애 혐오주의, 성전환자 혐오주의, 외국인 혐오주의 같은 말처럼 말이다. 안타깝게도 우리는 이러한 용어들이 계속 꼬리를 물고 이어지는 세상에서 살고 있다. 그런데 차별에 관한 이 같은 대화에서도 종종 누락되는 것이 바로 장애에 대한 차별, 비장애중심주의(ableism)다.

비장애중심주의란

비장애중심주의는 앞서 언급한 대로 장애가 있는 사람들에 대한 차별과 편견이다. 하지만 이 정도로는 그 의미를 온전히 전달하기에 충분하지 않다. 그래서 나는 조금 다른 정의를 사용하여 이렇게 말하고 싶다. "비장애중심주의는 장애인이거나 장애가 있다고 인식되는 사람의 인간으로서의 가치를 비하하는 태도, 행동 및 환경이다." 구체적인 예는 뒤이어 자세히 살펴보겠지만 먼저 전반적으로 살펴보는 것이 도움이 될 것 같다.

비장애중심주의는 20세기 후반에 와서야 사용하기 시작한 용어지만 그 자체로 항상 우리 문화의 일부였다. 이 개념은 사회

전반에 너무나 깊이 뿌리박혀 있는 탓에 오히려 지나치기 쉽다.

비장애중심주의가 실제로 어떤 양상을 띠는지 설명하자면 항상 직면하는 어려움이 있다. 이따금 뚜렷하게 드러나기도 하지만 대부분 너무나 교묘해서 왜 이것이 나쁜지 명확히 설명하기 어려울 정도로 은밀하다. 실제로 비장애중심주의의 핵심은 이런 점에 있다. 대개 사회 구성원들은 비장애 중심적인 신념과 행동에 별다른 경고를 보내지 않는다. 왜냐하면 그것들은 매일의 삶 속에 너무나 깊이 스며들어서 별로 특별할 것 없이 일상적인 것으로 받아들이기 때문이다. 그러나 장애인에게 비장애중심주의는 삶의 일부로 항상 존재하며 절대 사라지지 않는다. 이것은 광범위하고 제도적인 차별에서부터 개인 간 상호 작용에 이르기까지 여러 형태로 나타난다.

비장애중심주의를 제거할 수 있는 쉬운 해결책이 있다면 좋겠지만 문제는 그것이 영속적인 자기 순환 고리라는 것이다. 예를 들어 보겠다. 뉴욕시 지하철역 중 엘리베이터를 갖춘 곳은 2024년 기준 27퍼센트 정도에 불과하다. 이것은 접근성 부족, 즉 장애인이 이동할 자유를 제한하는 제도적 비장애중심주의이다. 이런 상황에서도 나는 가끔 용감하게 지하철을 타려고 시도하지만 플랫폼에 있는 휠체어 사용자라곤 나뿐인 경우가 많다. 게다가 나를 보고 이상하게 여기는 이들이 다가와서 "우아, 휠체어로 이렇게 돌아다니다니 정말 놀랍네요." 또는 "당신 같은 사람이

밖에 나오다니 참 다행입니다."와 같은 비장애 중심적인 발언을 하곤 한다. 모든 지하철역에 엘리베이터가 있다면 휠체어 사용자가 지하철을 타는 것은 특별한 일이 아닐 것이다. 하지만 많은 사람들의 머릿속에 장애인은 대중교통을 이용할 정도로 온전한 삶을 살지 못한다는 생각이 있다. 이런 가정이 사회적 인식에 깊이 자리 잡지 않았다면 지하철역마다 엘리베이터를 설치하는 것은 당연하고도 우선적인 사안이 되었을 것이다. 즉 의도한 것이든 아니든 비장애 중심적인 가정이 접근성과 같은 제도적 차별로 이어지고, 더 큰 차별로 연결되는 것이다.

생각해 보라. 장애인을 노골적으로 차별하는 법은 지금도 여전히 존재한다. 앞에서도 말했지만 거의 100여 년 전 제정한 공정노동기준법은 모두에게 공정한 노동 환경을 위해 만들었지만, 장애인만은 유일하게 합법적으로 최저 임금보다 훨씬 적은 임금을 지급할 수 있도록 명시했다. 더 심각한 문제는 이런 일이 '보호 작업장'이라고 부르는 별도의 작업 환경에서 발생한다는 것이다. 비장애인이 일반 작업장에서 적어도 최저 임금을 받으면서 하는 일과 똑같은 작업을 장애인은 그보다 훨씬 적은 돈을 받고 반복적으로 하고 있다. 원래 '보호 작업장'이란 것은 장애인 수용 시설의 대안으로 나온 곳이며 이제 역사의 유물로 사라져야 한다. 그 이유를 예로 들어 보겠다. 2019년, 뉴멕시코주에 본사를 둔 비영리 단체인 아델란테 발달센터는 취약 계층을 돕는

다는 명목으로 장애인 직원들에게 아주 적은 임금을 지급해 온 관행이 드러나 고소당했다. 사회적 모델 관점에서 살펴보면 장애인들은 본질적으로 불우한 것이 아니라 이러한 관행에 의해서 불이익을 당하는 것이다. 아델란테 발달센터 직원들이 해야 했던 일 중 하나는 2018년 아카데미 시상식 기념품 가방에 넣을 립스틱을 포장하는 것이다. 이것이 과시된 불평등의 사례가 아니라면 달리 무엇이라 부를 것인가?

일부에서는 보호 작업장이나 최저 임금에 못 미치는 급여가 필요하다고 주장한다. 이런 조건이 아니면 장애인은 일자리를 구할 수 없다는 이유에서다. 보호 작업장을 운영하는 기관들은(예를 들면 'GOODWILL' 같은 곳으로, 이곳을 이용하는 소비자에게는 죄송한 말이지만) 자신들이 선한 일을 하면서 노동에 대해서도 좋은 대가를 치르고 있다고 생각한다('GOODWILL'은 미국의 재활용품 체인으로, 무료로 기증받은 중고물품을 저렴하게 판매하여 얻은 이익으로 소외 계층을 돕고 있다고 표방한다—옮긴이). 하지만 아무리 좋은 일을 한다고 해도 근로자가 장애를 가졌다는 이유로 노동의 대가를 그토록 헐값으로 지급하는 것은 용납할 수 없다. 그것은 장애인에 대한 차별이다. 장애인의 노동을 폄하해 온 과거를 벗어나 지금부터라도 모든 이에게 공정한 임금과 포용적인 작업장을 만드는 것이 더 낫지 않을까?

장애인이 사용할 수 있는 서비스를 만드는 일에 여전히

무관심한 대기업들도 있다. 2016년에는 한 시각장애인 남성이 '도미노피자(Domino's Pizza)'의 모바일 앱과 웹사이트가 화면의 텍스트를 읽어 주는 소프트웨어와 호환되지 않아 미국장애인법을 위반한 것이라 주장하며 소송을 제기했다. 그러나 도미노피자는 주문 플랫폼의 장애인 접근성을 높이라는 법원 판결을 따르지 않았고, 2019년에는 이 사안을 미국 대법원까지 끌고 갔다. 다행히 대법원은 모바일 앱과 웹사이트를 시각장애인의 접근이 가능하도록 만들라고 명령한 하급 법원의 결정이 유효하다고 판결했다. 하지만 피자 주문과 같은 기본적인 권리를 위해서 장애인들이 이렇게나 힘겹게 싸워야 한다는 것은 정말이지 답답한 일이다.

　미디어 업계에는 장애를 웃음의 소재로 사용해도 좋다고 생각하는 사람들이 있다. 2018년 넷플릭스의 CEO는 비장애인인 코미디언 톰 세구라(Tom Segura)가 사용한 일부 단어[R-Word, retard(저능아), rape(강간) 등 'r'로 시작하는 비속어나 금기어—옮긴이]를 놓고 "스탠드업 코미디 공연의 일부로서 창의적 표현의 범주 내에 속하는 것"이라며 옹호한 바 있다. 그러나 무해한 유머라도 장애인에게는 농담이 아닐 수 있다. 사실 장애인을 비웃는 농담은 그 누구도 재미있다고 여겨서는 안 된다.

여러 형태로 나타나는 비장애중심주의에 대항하는 것은 마치 끝없는 두더지 잡기 게임을 하는 것과 비슷하다. 하나를 해결하면 다른 것이 재빨리 등장한다. 이런 악순환을 막으려고 노력하는 일은 힘에 부친다. 진정으로 비장애중심주의에 관해 이해하려는 비장애인도 많지만 그렇지 않은 사람들은 언제나 있다. 이들은 비장애중심주의라는 주장이 나올 때마다 '다른 장애인은 그렇게 여기지 않는다'며 차가운 반응을 보이기도 한다. 물론 그렇다. 어떤 신문 기사를 보고 누군가는 장애인을 차별하는 글로 생각하지만 그렇게 생각하지 않는 독자가 있을 수도 있다. 반대로 비장애중심주의자 또는 그런 성향의 인물에 대하여 서로 의견이 다를 때도 있다. 이처럼 같은 장애인끼리도 생각이 같지 않은 것이다. 이러한 인식의 차이도 해결이 어려운 문제지만 모든 장애인이 동일한 의견을 갖고 있다고 생각하는 것부터가 비장애중심주의의 한 형태일지도 모르겠다. '장애인 커뮤니티'라는 용어를 장애인을 포괄하는 표현으로 사용할 수도 있겠지만, 그렇다고 해서 우리 장애인 모두의 신념이 동일하다는 뜻일 수는 없다. 우리는 모두 별개의 인간이며, 개인적인 경험에 기반하여 저마다의 견해를 형성한다.

그럼에도 불구하고 비장애중심주의를 반대하는 의견에 걸핏하면 이의를 제기하는 비장애인들이 있다. 그들은 내가 휠체어를 사용한다는 이유로 들어갈 수 없는 장소에 관해 이야기하면 나를 '불평하는 사람'으로 몰아세운다. 방금 관람한 연극에서 대사 하나가 장애인 차별이라고 문제를 제기하면 생각이 지나치다는 평을 듣기 일쑤다. 장애인이 어려움을 극복하는 뉴스가 상투적이고 오히려 장애인을 폄하하는 태도라는 의견을 피력하면 '뭐든 못마땅해하는 냉소적인 사람'이라고 나를 비난한다.

'비통한 불구자 bitter cripple'라는 표현은 잔인한 고정관념으로 비장애중심주의에 반발하는 장애인의 이마에 인두로 지진 낙인 같은 것이다. 단지 내 생각을 말했다는 이유로 나는 이런 낙인 찍기를 몇 번이나 당했다. 하지만 나를 움직이는 것은 비통함이 아니라 열정이다. 좀 더 수용적이고 평등한 세상을 향한 열정 말이다.

비장애중심주의가 여러 방향에서 공격해 오면 그것을 피해 가기가 쉽지 않다. 이 문제를 두고 고민하지 않은 적이 없을 정도다. 특정 작업에 신체적인 도움을 청해야 했을 때 수치심으로 얼굴을 붉히기도 했다. 누군가가 추천한 장소에 계단이 있어 계획을 변경해야 했을 땐 사과해야 했다. 장애 때문에 로맨틱한 사랑을 받을 자격이 없는 것 같아 두려움과 번민으로 잠을 설치기도 했다. 그런 생각이 떠오를 때마다 나는 나 자신에게 상기시켜야 했다. 장애가 있다고 해서 내가 부끄럽고 부담스러운 존재는 아니라고. 만약 누군가 나를 그렇게 생각한다면 그건 그들이 잘못 생각하는 거라고. 장애 때문에 나 자신을 창피하게 여기거나 부담스러워할 필요는 없다고 말이다. 계단 때문에 어떤 장소에 갈 수 없다면 그것은 내 잘못이 아니다. 도움을 청해야 한대도 괜찮다. 비틀스(Beatles)가 우리에게 상기시키듯 "우리는 모두 친구다!"(영국의 록 그룹 Beatles가 1967년에 발표한 곡 〈With a Little Help from My Friends〉을 이용한 표현—옮긴이) 장애와 그에 따른 복잡한 상황들 때문에 사람이 무가치한 존재가 되는 것은 아니다.

그러나 비장애중심주의는 아주 큰 피해를 줄 수 있다. 장애인 스스로 자신의 삶이 가치 없다고 믿게 만드는 것이다. 이 책을 읽으면서 단 한 가지라도 깨달아야 할 것이 있다면 바로 그러한 생각은 명백하게 틀렸다는 것, 그리고 장애인의 삶은 가치 있다는 것이다.

촉각을 곤두세우자

고백하건대 비장애중심주의에 강력히 반발해 온 나 역시 비장애중심적인 태도를 취한 적이 있었을 것이다. 물론 실수였다. 내가 이렇게 실수를 고백하는 것은 잘못된 실수를 정직하게 인정해야만 앞으로 나아갈 수 있다고 믿기 때문이다. 그럼에도 나는 또다시 같은 실수를 저지를 가능성이 있다. 장애인이라고 해서 비장애중심주의자가 되지 않게 하는 마법의 방어막 같은 게 있을 리 없기 때문이다.

2019년에 스스로 목숨을 끊은 10세의 흑인 소년 세븐 브리지스의 가슴 아픈 사연이 있다. 그는 동급생들의 인종 차별과 괴롭힘에 시달리던 장애인이었다. 그는 오스토미 백(ostomy bag, 소변을 몸 밖으로 모으는 파우치―옮긴이)이 필요했는데 이것 때문에 수시로 욕설과 목 조르기, 조롱을 당했다. 소년이 부당한 대우를 받고 죽음을 택한 것은 그가 가진 두 가지 소수자 정체성과 무관하지 않다. 흑인 장애 활동가 이마니 바버린(Imani Barbarin)은 블로그에서 브리지스의 죽음을 이야기하며 "흑인, 원주민, 그리고 유색인종들이 자신들이 속한 모든 교차점에서 혼자가 아니라는 걸 느낄 수 있는 공간을 만들어야 한다."라고 강조했다. 그리고 이것이 "생명을 살리는 일"이며 "그 일에 착수할 때가 되었다."고 선언했다. 우리 모두가 동참해야 한다는 점은 분명하다. 왜냐하면 때로는 차별에 대항하려는 사람들조차 비장애 중심적으로 나올 수 있기 때문이다. 인종 차별주의자를 '정신병자'라고 묘사한다거나 인종 차별을 '질병'이라고 부르는 것은 너무나 흔한 예다. 인종 차별 자체를 나쁘게 표현하려는 의도였겠지만 그런 행위나 사람에 장애와 관련된 말을 붙이는 것은 장애를 가볍게 여기거나 장애에 대한 편견을 드러내는 일이다.

비장애중심주의가 종종 장애인을 불평등에 관한 논의에

서 배제하는 형태로 나타난다는 것도 중요하다. 2017년 나를 포함한 여러 장애 활동가가 여성 행진(Women's March, 여성의 권리와 사회 정의를 옹호하기 위해 미국에서 열린 대규모 시위—옮긴이)에서 장애 문제를 주요 원칙의 하나로 포함할 것을 촉구했다. 처음에는 장애가 주요 원칙에서 제외되어 있었기 때문이다. 심지어 성범죄와 성차별에 대항하는 비영리 인권단체 〈TIMES UP〉의 웹사이트를 보면 이렇게 나와 있다. "우리는 모든 사람이 인종, 민족, 종교, 성 정체성, 소득 수준과 상관없이, 일하는 동안 경제적 성공과 안전을 위한 동등한 기회를 얻기를 원합니다." 보시다시피 장애는 빠져 있다. 그러나 장애인은 성폭력의 피해자가 될 가능성만도 비장애인의 세 배 이상이다. 왜 장애가 사회 정의 운동에 포함되어야 하는 문제인지는 이 충격적인 통계만 보아도 충분하다. 장애를 배제하는 것은 단순히 비장애중심주의가 아니라 직접적으로 피해를 일으키는 일이나 마찬가지다.

하지만 비장애중심주의자였다거나 장애인을 배제한 운동에 참여한 적이 있다고 해서 위축될 필요는 없다. 영화 제작자이자 컨설턴트, 인터넷 방송 제작자인 도미니크 에반스(Dominick Evans)가 트위터에 올린 다음 글에 나 역시 동의한다.

"나는 개인적으로 비장애중심주의자에 대한 비난 자체를 좋아하지 않는다. 비장애중심주의는 우리 문화에 이미 깊이 내재해 있고 나 또한 더 나아지는 방법을 배워야 했다. 비장애인이 그것을 알고 더 나아질 것을 기대하기란 힘든 일이다. 다만 사람들이 자신이 초래한 피해를 깨닫고도 비장애중심주의를 고집한다면 그건 정말 곤란하다."

이 말은 내가 바라는 것을 완벽하게 요약하고 있다. 우리 모두는 지금보다 더 나아질 수 있다. 이제 모두가 비장애중심주의를 극복하기 위한 어렵고도 중요한 작업을 해야 할 때다. 우리 주변 사람들과 세계에 관한 대화 속에 장애 경험에 대한 인식을 포함해야 한다.

접근성과 접근성 부재

대부분의 사람은 '접근성(accessibility)'이란 말을 접하면 경사로나 엘리베이터가 가장 먼저 떠오를 것이다. 그러나 접근성은 그 이상을 포함하는 개념이다. 장애인이 제품이나 서비스를 완전히 사용하고 경험할 수 있을 때, 장애인이 공간을 자유롭게 이용하고 이동할 수 있을 때, 그리고 장애인에게 이러한 것들이 가능하도록 보장하기 위한 조치를 제공할 때, 그것이 바로 접근성이다. 다음은 접근성을 위한 조정이 이루어진 예다.

- 행사장의 조명이나 소음으로 인한 감각 과부하로부터 회복할 수 있도록 눈부시지 않은 정도의 어둑한 조명을 설치한 조용한 공간을 마련하는 것.
- 신체적 상태나 여건에 맞게 일할 수 있도록 근무 시간을 유연하게 하는 것.
- 회의 전에 자료를 미리 보내 정보를 처리할 추가 시간을 제공하는 것.
- 청각 및 정보 처리에 어려움을 겪는 사람이 행사 중에 어떤 말이 나오고 있는지 알 수 있도록 생중계 자막 및 수화 통역사를 함께 제공하는 것.
- 장애가 있는 사람의 편리한 이동 및 이동 보조기기를 사용하는 사람들을 위해 충분히 넓은 좌석 공간을 제공하는 것.
- 시각장애가 있는 사람을 위해 큰 글자나 점자 자료를 제공하는 것.

안타깝게도 접근성은 대개 뒷전으로 밀려나거나 아예 무시되곤 한다. 이는 장애인에게 괴롭고 불편한 일이다. 친구들이 지역에 새로 생긴 멋진 장소에 관해 계속 이야기하면서 그곳을 가고 싶어 한다고 상상해 보자. 문제는 그곳에 들어가려면 비밀번호가 필요하다는 것이다. 함께 저녁을 먹으러 나가 그곳의 입구에 도착했다. 친구들은 간단히 비밀번호를 말하면서 출입을 허용받는다. 그러나 유독 당신만은 비밀번호가 틀렸다는 말을 듣는다. 당신은 접근을 거부당한다. 약간 다른 또 하나의 시나리오를 상상해 보자. 당신이 알고 있는 비밀번호로 입구를 문제없이 통과했다. 그런데 건물 안에 들어가자마자 화장실을 사용하기 위한 두 번째 비밀번호가 필요하다는 것을 알게 되었다. 누구도 당신에게 그 비밀번호를 알려 주지 않는다. 과연 그곳에서 마음 편히 머무를 수 있을까? 이 같은 상황이 여러 곳에서 계속 일어난다. 그 이유가 누구도 당신에게 기꺼이 그 비밀번호를 알려 주려 하지 않기 때문이라면? 답답하고 짜증나고 심지어 좌절감이 들지 않을까? 하지만 바로 이것이 장애인의 현실이다. 세상이 장애인을 고려해서 설계되지 않았기에 장애인은 외면당하거나 배제된다. 나는 이런 상황을 너무나 자주 경험해 왔고, 그때마다 번번이 깊은 상처를 받았다. 그래서 이 문제를 해결할 수 있는 비밀번호, 바로 '접근성'을 말하려는 것이다.

    접근성은 장애인이 비장애인과 동등한 기회와 지원을 받아 잘 살아갈 수 있도록 공평하게 만들어 주는 일이다. 이는 참여하고 함께하는 일, 이해에 대한 장벽을 제거하고 능력과 관계없이 모든 사람이 주변의 세상을 몸과 마음 모두에 알맞게 경험할 수 있도록 하는 일이다. 접근성은 특별한 대우나 혜택을 뜻하지 않는다. 물론 아주 가끔, 입장하기 위해서 긴 줄에 서지 않아도 되거나 박물관에서 입장료를 할인받을 때도 있다. 하지만 정문 입구가 계단뿐이어서 부득이 쓰레기가 넘쳐나는 쓰레기통 옆쪽문을 통해서만 건물에 들어갈 수 있는 세상이 아닌 다른 세상이 온다면, 나는 이런 혜택을 당장이라도 기꺼이 포기할 것이다.

접근성이 없다는 이유로 사람들과 함께 어울리는 자리에 나만 초대받지 못한 적도 있다. 그것도 친구라는 사람들로부터 말이다. 접근성 문제로 인해 재앙이 되어 버린 데이트도 여러 번 있었다. 술집에서부터 전도유망한 의사의 새로운 사무실에 이르기까지 모든 곳에서 접근성이 늘 문제였다. 꾹 눌러 참고 수위를 대폭 낮춰 말한대도 "정말이지 피곤한 일"이다. 접근성을 구현할 수 없는 이유에 대해 똑같은 변명을 반복해서 듣곤 한다. 너무 비싸다, 너무 큰 노력이 든다, 외관상 좋지 않다, 충분한 시간이 없다, 그건 우리 일이 아니다, ……. 그리고 전형적인 변명 중 하나로 이런 것도 있다. "장애인은 이곳에 잘 오지 않아요." "그들은 여기서 거의 쇼핑하지 않는걸요." "우리 회사에는 장애인이 입사하지 않았어요." "이 행사에 장애인이 참석하지 않아요." 장담하건대 그런 변명은 틀렸다. 장애는 대부분 겉으로만 봐서는 잘 알 수 없는 경우가 많고, 장애인이 스스로 장애를 공개할 의무도 없다. 그리고 장애인이 어떤 장소를 잘 찾지 않는 이유는 바로 접근성 부재 때문이지 다른 이유가 아닐 것이다.

접근성에 관한 변명에 담긴 실제의 말은 이것이다. "장애인은 이곳에서 환영받지 못해요." 접근성 부재라는 현실에 직면할 때마다 내가 짐스러운 존재라는 기분을 떨쳐 버릴 수가 없다. 그럴 때마다 나는 이렇게 되새기곤 했다. 장애인이 이 세상에 부담인 것이 아니라, 접근성이 결여된 세상을 헤쳐 나가는 일이 우리 장애인에게 부당한 부담을 주고 있다고 말이다. 레베카 타우시그(Rebekah Taussig)는 저서 『Sitting Pretty(얌전히 앉아 있기)』에서 물리적 접근성 부재가 장애인에게 끼치는 정서적 고통에 관해 이렇게 말하고 있다.

> 많은 날, 집을 나설 때마다 나는 자신이 너무나 취약하게 느껴졌다. 낯선 사람들을 상대해야 하는 도박에 나 자신을 던지는 것에 넌더리가 나곤 했고, 어딘가 한 구석을 차지하기 위해 싸우는 것에 지쳤다. 접근성 부재는 나에게 '이 세상에서 나는 중요하지 않다고, 누구도 원하는 존재가 아니라고, 이 세상 어디에도 나는 속하지 못한다'고 거듭 말한다. 이 세상은 나를 위한 곳이 아니라고 말이다. 그래서 나는 그저 집 안에 머물고, 나 혼자만의 세계에 웅크리고, 계획을 피하고, 취소하고, 내 몸의 모든 접히고 구부러지는 부분마다 불안을 품고, 매일 혼자 갇힌 채 외로움과 무기력함을 느껴야 했다.

이럴 필요는 없다. 아니, 결코 이래서는 안 되는 거다. 왜냐하면 접근성을 보장하는 것은 옳은 일일 뿐만 아니라 법적 의무이기도 하니까. 불행히도 너무 많은 사람과 장소가 법적 요건을 아직도 지키지 못하고 있다. 접근성 문제는 반드시 개선되어야 할 사회 시스템 전반에 걸친 사안이다.

이해할 수는 있다. 접근성을 확보하는 것이 너무 부담스러운 책임으로 느껴질지도 모른다. 뭔가 잘못되면 어쩌나 두려울 수 있다. 사업주나 고용주라면 규정을 제대로 지키지 못해 소송을 당할까 봐 걱정할 수도 있다. 하지만 장애인은 접근성 때문에 당신을 공격할 나쁜 사람이 아니다. 우리의 목표는 그저 진정으로 평등한 접근과 동등한 기회의 실현에 한 걸음 더 다가가는 것일 뿐이다.

그렇다면 어디서부터 시작해야 할까? 접근성을 이해하려는 여정에는 학습 곡선이 있을 것이다. 접근성은 여러 가지 형태로 나타날 수 있다. 예를 들면 화장실에서 잡을 수 있는 손잡이, 동영상이나 팟캐스트에 제공되는 자막, 화면의 텍스트를 읽어주는 소프트웨어로 탐색이 가능한 웹사이트, 문서에서 명확하고 단순한 언어를 사용하는 것 등이 있다. 하지만 장담하건대 실제로 당신이 해야 할 일을 이해하는 것은 어려운 일이 아니다.

만약 접근성 문제의 특정 부분에 대해 확신이 없다면 지레짐작하기보다는 어떻게 해야 접근성을 가장 잘 확보할 수 있는지 묻는 편이 도움이 될 것이다. 물론 꼬치꼬치 캐묻듯 질문하거나 듣는 이가 거북하거나 당황스러울지 모를 사적인 질문을 던져서는 곤란하다. 누구도 그럴 자유는 없다. 좋은 첫걸음은 스스로 약간의 조사를 하는 것이다. 이런 문제의 답을 찾아야 할 때 내가 주로 참고하는 두 가지 자료는 ADA National Network(장애인 관련 법령의 이해와 적용을 도와주는 기관—옮긴이) 및 Job Accommodation Network(장애인 근로자와 그 고용주를 위한 컨설팅 서비스를 제공하는 기관—옮긴이)이다. 이 두 기관은 무료로 다양한 주제와 관련된 정보와 가이드를 제공하여 궁금증을 해결해 줄 것이다. 장애인 중에는 유사한 장애가 있는 사람에게 도움이 되는 지식과 통찰을 지닌 이들이 있다. 그의 말과 생각을 듣는 것은 그에게 일을 시키는 것과 마찬가지다. 만약 세세하고 복잡한 문의 사항이 많고 예산도 있다면 나는 장애인 접근성에 관한 전문 지식을 갖춘 컨설턴트를 고용할 것을 강력히 추천하고 싶다.

대개 접근성 문제에 대한 해결책은 무료로 또는 저렴하게 찾아낼 수 있다. 출입구에 놓인 몇 개의 계단 정도라면 휠체어가 올라갈 수 있도록 해 주는 경사로를 구입하면 된다. 행사 때는 참가자들에게 '강한 향이 첨가된 화장품 사용을 자제해 달라'고 요청하면 간단하다. 하지만 "이 소책자 전부를 당신에게 소리 내어 읽어 주도록 할까요?"라고 묻거나 계단 앞에서 "당신을 번쩍 들어 옮겨 드릴 수 있어요."라고 말하는 것은 해결책이 아니다(실제로 휠체어 사용자인 나에게 여러 번 제시된 '해결책'이었다). 이러한 '해결책'은 절대로 문제를 해결할 수 없고 오히려 문제의 일부일 뿐이다.

진정한 해결책은 모든 사람이 접근성을 제거하는 데 기여할 수 있고, 접근성을 확보하는 것이 모두에게 이익을 준다는 것을 인식하는 것이다. '커브컷 효과(curb-cut effect)'라는 개념이 이 사실을 잘 보여 준다. 차도와 보행로를 이어 주는 작은 경사로는 처음에는 휠체어 사용자를 위해 설계된 것이었다. 그러나 지금은 유모차, 쇼핑 카트, 바퀴 달린 여행 가방, 인라인스케이트 등 수많은 사람이 유용하게 사용하며 무수히 많은 상황에서 도움이 된다. 이처럼 비접근성과 장애 차별주의 둘 다를 제거하기 위해 세상에 필요한 것은 글자 그대로, 그리고 비유적인 의미 모두에서 더 많은 '커브컷'이다.

실제로 접근성은 포용성을 향한 중요한 한 걸음이다. 앞서 언급했던 '우리 지역의 멋진 장소'는 커피숍이었다. 이 가게의 입구는 처음부터 아예 접근이 불가능한 상태였다(이곳만이 아니라 수많은 다른 곳도 그렇지만 말이다). 나는 문에 붙어 있는 전화번호로 가게 주인에게 전화를 걸어 입구에 경사로를 설치해 달라고 설득해 보기로 했다. 가게를 새로 연 지 얼마 안 된 초기라 그런지 주인은 약간 혼란스러워하며 경사로 설치를 약속했다. 나는 희망을 품긴 했지만 한편으로 긴가민가하는 마음이었다. 그런데 몇 달 후 가게 주인에게서 전화를 받았다. 가게에서 마침내 휴대용 경사로를 설치했다는 소식을 나에게 알려 주려고 건 전화였다. 나는 왜 이렇게 오랜 시간이 걸렸는지 좀 의아하긴 했지만, 어쨌든 그들이 나에게 개인적으로 연락하고 초대해 준 것에 무척 감동했다. 보통의 사업주가 나를 위해 이렇게 해 준 적은 한 번도 없었기 때문이다. 처음부터 접근성을 갖추는 것이 마땅하지만 뒤늦게라도 이러한 접근성의 성과를 인정하고 감사하는 것도 중요할 것이다. 나에게 있어 이것은 명백히 하나의 '승리'였다.

비장애중심주의의 양상

내가 평생 경험한 비장애중심주의 이야기만으로도 이 책의 모든 페이지를 채우고도 남을 정도다. 하지만 비장애중심주의는 나만의 이야기가 아니다. 그것은 장애인의 경험을 관통하는 공통 주제로서 실제 대규모로 일어나는 일이며 수많은 책을 가득 채울 수 있을 정도로 많다. 그런 만큼 모든 이야기를 여기서 다루기란 불가능하다. 다음에 소개하는 일부 예만 보아도 비장애중심주의가 우리 사회의 모든 부분에 얼마나 깊게 뿌리내리고 있는지 알 수 있을 것이다. 이를 통해 미묘하면서도 노골적인 비장애중심주의의 패턴을 인식할 수 있길 바란다.

- 미국 내 3분의 2가량에 해당하는 지역에는 장애가 있다는 이유로 부모로서 '부적격'하다고 판정할 수 있는 법규가 있다. 이는 장애인이 부모로서의 권리를 박탈당할 수 있다는 걸 뜻한다.
- 공유 차량 운전자들은 휠체어 사용자나 도우미 동물(시각장애인 안내견 등)을 동반한 사람의 차량 탑승을 거부한다.
- 2015~2016년도를 기준으로 미국에서는 지적장애가 있는 학생 중 단 16.6퍼센트만이 통합 교육을 받았고, 수업 시간의 80퍼센트가량만 참석할 수 있었다. 이 외에는 격리된 채 수업을 받았다.
- 자폐스펙트럼이 있는 어린이들은 '정상'이라는 임의적 기준에 따르도록 요구받으며 이 과정에서 종종 특정 행동을 강화하거

나 억제하는, 어쩌면 그들에게 해로울지도 모르는 행동 치료를 받고 있다.

- 수십만 명의 장애인, 특히 지적장애 및 발달장애가 있는 사람들은 아직도 지역사회가 아니라 기관이나 시설에서 생활하도록 강요받고 있다.
- 통역사, 생중계 자막 및 점자, 큰 글자 또는 디지털 자료 등을 포함하는 접근성 지원이 부족한 탓으로 장애인들은 대규모 그룹 회의 및 행사에서 배제되는 경우가 많다.
- 미국에서 장애인의 중위 소득은 비장애인 중위 소득의 70퍼센트 미만이다.
- 비장애인 중에서도 특히 의료 전문가들은 장애가 있는 사람들이 '치료하고' '고치기를' 원한다고 성급한 추정을 내리곤 한다. 장애와 더불어 살아가기를 원하는 경우가 있을지도 모르는데도 말이다.
- 2015년 이후 전 세계적으로 800명 이상의 장애인이 자신의 돌봄 제공자에 의해 살해되었다. 언론은 이러한 사건을 다룰 때 살인자에게 동정적인 언어를 사용하여 마치 돌봄 제공자들이 과도한 부담에 시달리다 못해 일어난 일이라는 프레임을 씌워 보도한다.
- 코로나-19 대유행 기간에 여러 주와 몇몇 국가에서는 장애가 있는 환자들이 긴급한 생명 구조 의료 조치의 우선순위에서 밀려날 수 있다는 점을 명시한 지침을 발표했다.

- 2013년 유엔재난위험경감기구(UNDRR)에서 실시한 조사에 따르면 137개 국가 5,717명의 장애인 응답자 중 85.57퍼센트가 지역사회에서 시행되는 재난관리 및 위험경감 프로세스에서 배제되었다.

이 몇 안 되는 예시조차 압박으로 느낄 수 있다는 걸 안다. 하지만 꼭 기억하라. 비장애중심주의에 대항하는 첫걸음은 바로 올바른 '인식'이라는 것을.

5장
장애를 대하는 예의

장애인을 대할 때 생각을 지나치게 많이 하는 것은 걸림돌이 될 수 있다. 하지만 장애인이 무엇을 원하고 필요로 하는지 마음대로 추측하는 것도 좋은 태도가 아니다. 장애인이 바라는 것은 다른 사람과 마찬가지로 존중받는 일이다. 장애인 역시 한 인간임을 인정하고, 그들의 목소리를 직접 듣고 그들이 무엇을 원하는지 알아달라는 것이다.

카일 카차두리안(Kyle Khachadurian, 팟캐스트 공동운영자)

이제까지 우리는 비장애중심주의라는 거대한 사회 구조적 차원의 여러 문제를 이야기했다. 그러면 일상생활 속 사람 간의 상호 작용은 어떨까? 어떻게 하면 비장애중심주의가 영구적으로 지속되는 것을 막을 수 있을까? 그 열쇠는 바로 '장애를 대하는 예의(disability etiquette)'에 있다. 이 말은 장애인과 상호 작용을 하는 방법에 관련된 대부분의 책에서 사용하고 있다. 물론 '예의'라고 하면 너무 격식을 차리는 말처럼 들리지는 않을지 걱정된다. 혹시라도 예의범절의 교과서로 알려진 책(미국에서 1922년에 출간된 『Emily Post Etiquette book(에밀리 포스트의 예의범절)』을 말함—옮긴이)의 저자 에밀리 포스트(Emily Post)와 내 이름을 혼동하지 않길 바란다. 장애인과 소통하기 위해서 방대한 분량의 규칙과 규정을 배워야 한다고 생각하지 않았으면 좋겠다. 장애를 대하는 예의란, 누구나 이미 알고 있는 단순하고도 영원한 지혜 한 조각, 황금률이나 마찬가지다. 내가 대우받기 원하는 방식으로 타인을 대하라. 은연중에 무시하거나, 지나치게 참견하며 선을 넘어서거나, 무례하게 굴거나, 대놓고 비열하게 구는 것은 누구든 원치 않을 것이다. 이를 바탕으로 장애를 대할 때 해야 할 일과 하지 말아야 할 예의에 대해 살펴보자. 단 여기서 제시하는 사례가 모든 상황을 포괄할 수는 없다는 점을 기억하고 장애인과 소통할 때 적용할 몇 가지 팁으로만 받아들여 주길 바란다.

말과 행동 모두를 일일이 돌아보며 시작하지 않아도 된

다. 그것은 상황을 이상하고 어색하게 만들 뿐이다. 장애인을 대할 때 마치 이상하게 생긴, 부서지기 쉽고 약한 무언가를 대하듯 굴고, 발끝으로 살금거리며 주위를 맴돌라는 것이 절대 아니다. 사실 이런 행동이야말로 비장애중심주의인 것이다! 그저 우리 장애인을 완전하고 동등한 인간으로 대해 주면 된다.

장애를 대하는 예의에 따라 해야 할 일

장애를 대하는 예의를 자세히 알아보기 전 우선 이 모든 것을 관통하는 기본 줄기가 바로 '존중'이라는 점을 강조하고 싶다. 부주의한 말이나 행동은 상처를 줄 수 있지만 사려깊은 말과 행동은 세상에 긍정적 변화를 줄 수 있다.

지나치게 캐묻는 질문이나 무례한 말, 그리고 부탁하지 않은 충고는 꿀꺽 삼켜라

너무 과장한다고 생각할지 모르나, 실제로 나는 집을 나설 때마다 내 휠체어에 대해 한 마디씩 던지는 말을 듣고 있다. 나는 내 할 일을 생각하면서 열심히 휠체어를 굴리며 갈 뿐인데, 지나던 사람들 중 누군가가 꼭 이처럼 다양한 방식으로 불필요한 말을 늘어놓는 것이다.

"어이쿠, 이러다 들이받겠어요!"
"천천히! 너무 빨라요!"
"당신, 이거 면허 받고 타는 거요?"
"그러다 속도 위반 딱지 받겠어요."

이렇게 말하는 사람들의 얼굴에는 특유의 표정이 있다. 마치 재미있는 일을 구경하며 농담을 하는 듯한, 그런 얼굴 말이다. 이런 말장난에 찬물을 끼얹을 마음은 없지만, 장담하건대 장애인이라면 모두가 비슷한 말을 들어 본 적이 있을 것이다. 특히 한 남성이 한 행동은 기가 막힐 노릇이다. 그는 나와 어머니가 나란히 휠체어를 굴리며 복도를 지나갈 때 출구로 향하는 우리 길을 막아서더니, 마치 우리가 그를 향해 서로 레이스라도 벌이고 있다는 듯 깃발을 치켜드는 시늉을 했다. 우리를 그냥 내버려 두라고 몇 번이나 말했는데도 그는 기어이 자동차까지 따라와, 불쾌했다면 미안하다고 우기는 것이었다. 설상가상으로 우리가 차를 타고 떠나려고 하자 그는 사과랍시고 내 아버지에게 20달러 지폐를 내밀며 받기를 종용했을뿐더러 거절하는 우리에게 가운뎃손가락을 쳐들어 모욕했다. 이 남자처럼 행동하면 안 되는 이유는 설명할 필요도 없을 것이다.

장애인의 사생활을 대놓고 침해하는 무례한 질문 또한 이런 식의 '농담'만큼이나 흔하다. 나만 해도 이런 부적절한 질문들, 그들이 전혀 알 필요도 없고 내가 대답할 이유도 없는 그런 질문을 얼마나 자주 받았는지 셀 수조차 없다. 고고 시절 내가 좋아했던 한 남학생은 내가 어떻게 바지를 입을 수 있는지 물은 적이 있다. 데이팅 앱에서는 인사를 나누기도 전 내가 과연 성행위를 할 수 있는지부터 물어본 멍청한 남자들도 있다. 엘리베이터 안에서 처음 본 낯선 이들이 별안간 "당신은 걸을 수 있나요?"라고 묻기도 했다. 이런 질문들에 답을 해야 한다는 생각만으로도 정말 끔찍하고 피곤했다. 더 나빴던 건 이런 질문들이 때때로 참견을 넘어선다는 것이다. 그건 정말 큰 상처가 되었다. 장애 인식 상담사인 앤드류 구르자(Andrew Gurza)가 겪은 생생한 사례가 하나 있다. 고등학교 체조 선생님 중 한 분이 물리치료를 받고 있던 그에게 다가와서는 아무렇지도 않게 이렇게 묻더라는 것이다. "이봐, 앤드류, 자네 같은 사람들은 기대수명이 어떻게 되나?" 대체 무례하고 둔감하기로 이 이상의 예가 또 있을까? 구르자는 그때의 경험을 떠올리며 이렇게 말했다. "당시 저는 15살이었고 정말 당황했어요. 이전에는 한 번도 나의 죽음에 관해 생각해 본 적이 없었거든요. 너무 화가 나서 울며 교실을 뛰쳐나왔죠. 다른 애들이 다 제가 나가는 걸 쳐다봤는데, 죽고 싶을 만큼 당혹스럽더군요."

호기심은 아마도 인간 본성의 일부겠지만 제발 기억해 달라. 궁금해하는 정보를 장애인에게서 알아낼 권리는 누구에게도 부여된 바 없다. 당신이 그 사람과 속을 터놓을 만큼 허물없는 사이가 아니라면 이는 너무나 당연한 말이다. 자폐성장애 활동가인 짐 싱클레어(Jim Sinclair)는 이런 모습이 마치 '스스로 해설해 주는 동물원의 전시 동물'같다고 말했다. 만일 당신이 뭔가를 물어도 될지 어떨지 확신이 없을 때는 다음 규칙을 따르기 바란다. "만일 그 질문을 똑같은 상황에서 비장애인에게 할 수 없다면 장애인에게도 하지 마라."

불필요한 말이나 질문을 삼가는 것 외에, 부탁하지 않은 충고를 늘어놓기 전 부디 자신을 돌아보기를 당부한다. 신체장애인 사이에 특히 이런 일이 흔한데, 만성통증이나 근력 저하, 관절의 경화 등에 관해 이야기할 때면 누군가 꼭 튀어나와서 자기 딴에는 도움이 된다고 믿는 해결책들을 늘어놓는다는 것이다. "요가를 시도해 봤나요?" "침을 꼭 맞아 보세요." "내 여동생이 잘 아는 세탁소 사장님이 있어요. 당신을 완벽하게 낫도록 해 줄 프로그램을 알려 줄 거예요." 분명 좋은 의도로 그런 말을 하는 건 나도 안다. 하지만 그건 정말로 사람을 깔보는 느낌을 줄 수 있다. 당신이 당신 몸의 전문가인 것처럼 장애인 역시 자기 몸에 대해서는 그 자신이 전문가이다.

그럼 어떻게 하냐고? 장애인이건 아니건 만일 합당한 제안이 있고 그것을 다른 장애인과 나누고 싶다면 우선 "나한테 효과가 좋았던 방법이 있는데 혹시 듣기 원하세요?"와 같은 질문을 먼저 건네라. 같은 의도라도 어떻게 전달하는지에 따라 큰 차이가 있는 법이다. 그리고 만일 그 사람이 "고맙지만 사양하겠어요."라고 말한다면, 그땐 그저 입을 다물면 된다.

적절한 때를 살펴서 질문하라

앞에서 어떤 종류의 질문이 전적으로 피해야 할 질문인지에 관해 이야기했다. 무례한 질문과 괜찮은 질문 사이에는 중요한 차이가 있다. 그 질문을 하게 된 맥락, 그리고 질문을 받는 사람과의 관계, 이 두 가지가 차이를 드러낸다. 몇 가지 시나리오를 살펴보자.

순수하게, 정말 궁금해서 정보를 묻는 질문을 하는 경우가 있다. 예를 들면 가끔 공공장소에서 내 전동 휠체어에 대한 궁금증이나 휠체어를 실을 수 있는 차량에 관해 자세한 사항을 묻는 사람들이 있다. 이런 질문은 대개 자신이나 주변의 지인을 위해 그 정보가 필요해서 나온다. 나도 이런 질문에는 기꺼이 대답한다. 보조 장비에 관한 정보를 얻는 것이 그리 쉽지 않은 일이라는 걸 잘 알기 때문이다. 하지만 모든 사람이 다 나와 똑같이 느끼지는 않을 것이다. 그러니 불필요하게 장애인의 프라이버시를 침해하는 질문이 아니라면 다짜고짜 질문부터 툭 내뱉지 말고, 먼저 다가가 "~에 관해 질문해도 될까요?"라고 묻는 것이 가장 좋다. 상대가 대답하고 싶지 않다는 의사를 표현할 경우에는 다소 어색하더라도 그저 "네, 알겠습니다."라고 말하고 가면 된다.

질문을 피하지 말고 오히려 명확히 물어보는 편이 최선인 경우도 많다. 행사나 회의 또는 외출을 계획했다면, 장애 여부와 관계없이 상대방에게 접근성 요구 사항을 물어보는 것이 표준 프로세스가 되어야 할 것이다. 상대방과 어느 정도 친밀감이 있는 경우 다음과 같이 편하게 질문할 수도 있다. "안녕하세요. 참여를 위해 필요한 접근성 요구 사항이 있을까요? 제가 어떻게 도울 수 있을지 알려 주세요." 상대방을 잘 모르거나 좀 더 공식적인 관계일 경우 조금 더 맥락을 추가하여 질문하도록 한다. "안녕하세요. 지금 제가 계획하는 일에 대해 맞는지 확인하고 싶습니다. 귀하가 온전히, 문제없이 참여할 수 있도록 이 행사의 접근 가능성을 높이려면 혹시 필요한 조치가 더 있을까요?"

친밀한 관계라면 대화는 좀 더 개인적인 것이 된다. 친구나 파트너 사이라면 서로를 알아가는 대화나 더 깊이 있는 대화를 할 때 장애의 특정 측면에 관해 궁금증이 생길 수 있다. 이러한 맥락에서 상대의 장애에 대해 사려 깊게 질문함으로써, 그 사람을 배려하고 더 깊이 이해하려는 의사를 표현할 수 있을 것이다. 또는 질문을 통해서 장애인을 지원할 방법을 알려 줄 수도 있다. 질문을 어떻게 시작해야 할지 모를 경우 "당신의 장애에 관해 질문해도 괜찮을까요?" 또는 "~에 대해 궁금합니다. 이것에 관해 이야기해도 괜찮을까요?"와 같은 말로 시작하면 된다. 즉 질문을 시작하기 전, 이런 질문이 괜찮은지 확인하는 도입부를 갖는 것이다. 개인의 정체성에 관한 열린 대화는 신뢰를 구축하는 지속적인 과정이다. 그러니 장애와 관련된 질문에 응답하기를 원치 않는 사람에게는 부디 그것을 존중하고 결코 밀어붙이지 않도록 하라.

남의 영역을 침범하지 말라

개인의 공간을 존중하는 것은 서로 간의 상호 작용에 있어서 기본적인 규칙이지만 장애인을 대할 때는 이 규칙이 너무나 빈번히 무시되는 것 같다.

나의 경우 낯선 사람이 다가와 아무렇지도 않게, 마치 자기 팔걸이라도 되는 듯이 내 휠체어에 자기 팔을 얹곤 했다. 별것 아닌 일 같지만, 휠체어는 내 몸의 연장이고 내가 움직이는 수단이다. 누군가 내 휠체어에 손을 대거나 체중을 얹으면 휠체어에 앉아 있지 않고도 갇힌 느낌을 받게 된다. 학창 시절에는 종종 휠체어를 책상 옆에 세워 두고 의자에 앉곤 했는데 이따금 휠체어에 기대어 강의하는 선생님도 있었다. 그때마다 정말 불편하고 힘들었지만 무어라 항의할 수 없어 그냥 참아야 했다.

비슷한 상황을 휠체어를 뺀 모습으로 한번 상상해 보라. 다른 사람 몸 위에 당신이 올라타거나 마치 그 몸이 사람 모습을 한 담장인 양 거기 기대겠는가? 물론 그 사람을 잘 안다면 달라질 수도 있다. 실제로 나는 친한 친구가 내 휠체어에 기대는 것을 별로 문제 삼지 않는다. 하지만 이동 수단을 사용하는 모든 사람은 다 저마다의 기호를 가지고 있으니, 당신이 누군가의 휠체어에 기대거나 그것을 잡는 것이 괜찮은지 어떤지 확신이 없다면, 부디 먼저 물어보라. 그리고 괜찮지 않다는 답을 듣는다면 절대 그러지 말아야 한다.

장애인의 이동 수단을 옮길 때 역시 똑같은 논리가 적용된다. 어떤 사람이 수동 휠체어를 굴리며 가는 것을 보고 도움이 좀 필요하겠다 싶더라도 절대로 뒤에서 불쑥 밀거나 해서는 안 된다. 당사자가 얼마나 놀라겠는가? 이런 행동은 그 사람의 움직임과 이동 수단에 대한 통제권을 빼앗는 일이다. 다시 한번 이 시나리오에서 휠체어를 빼고 상상해 보라. 누군가의 몸에 손을 대고 그 사람을 밀고 당기는 것이 가당키나 한 일인가? 말도 안 된다. 반드시 먼저 물어보고 상대방의 반응에 주의를 기울이도록 하라.

감각이 예민한 장애인에게는 접촉이 불편할 수 있으며, 이로 인해 사람들과 어울리는 일이 조심스러울지 모른다. 대화 중에 악수, 포옹, 가벼운 접촉을 하는 것은 본능적인 경우가 많지만 불쑥 손을 내밀거나 팔을 두르는 대신에 반드시 먼저 물어보라. 나는 포옹을 좋아하는 편이지만 모든 사람이 그렇지는 않다. 누군가와 인사하거나 작별할 때는 멈추어서 "포옹을 좋아하시나요, 아니면 악수를 좋아하시나요? 아니면 둘 다 불편하신가요?"라고 물어보려고 노력한다. 어떤 사람은 주먹이나 팔꿈치로 인사하거나 하이파이브를 한다. 그리고 어떤 사람은 이 전부를 다 사양하기도 한다. 사회적 규범을 강요하기보다는 사람들이 편안하게 선택할 수 있도록 옵션을 제공하라.

　　신체 접촉은 장애인을 위한 도우미 동물 팀(동물 및 그 동물을 다루는 사람)에게도 문제가 될 수 있다. 장애인 보조견을 보면 열렬히 인사를 건네고 싶어 하는 사람들이 있다. "근무 중. 만지지 마시오."라고 명백한 메시지가 담긴 조끼를 입고 있는데도 불구하고 개를 만지곤 한다. 나도 개를 무척 좋아하는 사람이라 만나는 개마다 쓰다듬고 싶어 하는 그 마음을 이해할 수는 있다. 하지만 그 개는 지금 일하는 중이다. 시각장애인을 안내하는 훈련을 받고 그 일에 집중하고 있는 것이다. 손을 대면 개의 집중력이 흐트러질 수 있으므로 적절하지 않다. 만일 혼잡한 도로 위에서 시각장애인을 인도하고 있는 개를 쓰다듬을 경우, 그 개는 주변의 장애물을 인식하지 못할 수도 있고 결과적으로 시각장애인에게 뜻하지 않은 위험을 초래할 수 있다.

　　장애인 보조견이 주인의 혈당 변화나 발작 전조를 탐지하거나 발작이 다가오는 것을 주시하고 있을 수도 있다. 이때 다른 사람이 다가와 개를 만지게 되면 개가 주의를 빼앗겨 제때 경고 신호를 하지 못할 위험이 있다. 교수이자 패럴림픽 선수인 안자리 포버-프랫(Anjali Forber-Pratt) 박사는 수동 휠체어 사용자이기도 한데, 사람들이 걸핏하면 그녀의 보조견 콜튼을 함부로 만진다고 말한다. "내 보조견이 일하는 동안 누군가가 그 녀석을 쓰다듬으면 그건 문제가 된답니다. 개를 혼란스럽게 하거든요. 콜튼은 그 순간 근무 시간이 아닌 놀이 시간으로 착각하고, 나보다는 자기를 쓰다듬으려는 사람에게 더 관심을 기울이게 됩니다. 내게 무언가를 가져다주는 등 나를 위한 작업을 하던 중에는 그 물건을 떨어뜨릴 수도 있고, 처음부터 다시 지시해야 할 수도 있습니다. 콜튼이 일하는 중에는 제발 쓰다듬지 마세요!" 만약 개를 쓰다듬고 싶은 충동을 참을 수 없다면 어떻게 할까? 포버-프랫 박사는 반드시 먼저 주인에게 물어보아야 한다고 조언한다. "때때로 그 개가 쉬는 중이거나 놀이 시간이라 그런 행동을 허용할 수도 있어요. 하지만 무엇보다 그 주인의 의사를 존중하는 것이 가장 중요합니다."

다른 사람과 하듯이 대화하라

장애인, 특히 시각장애인이나 지적장애인과 대화하는 일은 사람들을 긴장하게 만드는 것 같다. 어떨 때는 그 사람이 무슨 말을 해야 할지, 어떻게 말해야 할지 자신 없어 하는 모습이 꼭 불에서 연기가 모락모락 피어나는 모습처럼 불편하게 느껴진다. 이 경우 나는 종종 이렇게 조언하곤 한다. 다른 여느 사람과 대화할 때와 마찬가지로 장애인과도 그렇게 대화하라는 것이다. 우선 어떤 상황에서든 할 말은 장애인에게 직접 하라. 당신이 누군가와 함께 있는 시각장애인에게 할 말이 있을 때, 그가 마치 그 자리에 없는 것처럼 다른 사람에게 이야기할 필요는 없다.

작가이자 장애인 권리 운동가인 킹스 플로이드(Kings Floyd)는 휠체어 이용자다. 내가 이 비슷한 일, 즉 함께 있는 다른 사람에게만 말을 건네는 일을 경험한 적이 있는지 물었을 때 그녀는 대번에 이 말을 알아들었다. 그녀는 언젠가 비장애인인 여동생 이사벨과 함께 저녁 시간을 즐겁게 보내려고 외출한 적이 있었다. 그런데 레스토랑에서 맛있는 식사를 하고 즉흥 쇼도 보려고 했던 계획을 레스토랑 직원 때문에 망쳐 버리고 말았다. 플로이드가 말했다. "그 직원은 이사벨의 주문을 먼저 받고는 나를 가리키며 이사벨에게 묻더군요. 이 여자분은 뭘 드실 거냐고. 이사벨은 아무 말 않고 나와 직원을 쳐다보며 가만히 있었어요. 저는 쿨하게 대답했죠. 버섯을 곁들인 까르보나라 파스타, 레모네이드랑 시저 샐러드를 달라고요. 그리고 디저트는 아직 생각 중이라고 말했어요. 하지만 그 직원은 고개를 끄덕였을 뿐 내내 나를 쳐다보지도 않고 내게 무관심했어요. 나중에 그 직원은 계산서를 가지고 다시 왔을 때도 이사벨에게 그걸 건네더라고요. 분명히 내가 낼 거라고 말했는데도." 그리고 계속 말을 이었다. "그 직원의 몰상식한 모습 때문에 나는 무시당했다는 느낌을 받고 기분이 정말 안 좋았어요. 다행히 그날 밤의 즉흥 쇼가 굉장히 좋아서 기분이 다소 풀렸지만, 그 여자는 마치 내 의사 같은 건 전혀 중요하지 않다는 듯이 행동했어요." 그렇다. 플로이드의 의사는 매우 중요하다. 그 직원은 다른 손님과 똑같이 그녀를 존중하며 대했어야 했다.

존중과 직접성, 이 두 가지는 중요한 열쇠이다. 시각장애인 권리 운동가인 콘치타 에르난데스 레고레타(Conchita Hernández Legorreta)는 "시각장애인에게 당신을 소개할 때, 시작과 함께 반드시 이름을 먼저 밝히세요. 음성만으로 당신이 누구인지 알 거라고 짐작하고 바로 이야기를 시작하지 마세요."라고 말한다. 그리고 이렇게 덧붙였다. "시각장애인에게 당신이 누구인지를 알아맞히게 하는 것은 정말로 무례한 일이에요. 또한 명심할 것이, 시력이 나쁜 사람 중에는 사물을 볼 수는 있더라도 사람의 얼굴을 분간하는 건 힘들어하는 경우가 많아요. 그들이 당신을 바로 알아볼 거라고 섣불리 지레짐작하지 마세요." 정말 간단한 일 아닌가. "안녕하세요. 저는 ~(성과 이름을 다 말할 것)입니다."라고 말하며 대화를 시작하는 것 말이다.

시각장애인이나 청각장애인에게 다가갈 때는 개인 공간(사적 영역)을 염두에 두는 것이 중요하다. 누군가에게 별안간 다가가면 그를 놀라게 할 수 있다. 만일 말로써 그 사람의 주의를 끌 수가 없다면 어깨를 가볍게 두드리는 정도도 괜찮다. 손을 대지 않고도 다가서는 사람의 존재를 알릴 수 있는 좋은 방법이 있다. 청각장애인들은 대개 그 편을 더 선호한다. 청각장애인 권리 활동가인 크리스틴 리아오(Christine Liao)의 말이다. "사람들이 가장 흔히 시도하는 두 가지 방법이 있어요. 어깨를 한 번 가볍게 톡 치거나 손전등을 깜박이는 것이죠. 하지만 이것은 마지막 수단이 되어야 해요. 그보다는 *청각장애인(d/Deaf)*의 시야에 들어가서 손을 가볍게 흔드는 동작을 취하는 편이 좋아요. 당신이 거기 있고 대화하려고 기다리고 있다는 걸 알리는 훨씬 더 나은 방법이죠."

수화 통역사와 함께 있는 청각장애인과 대화할 때라면 통역사가 아니라 바로 그 사람을 쳐다보라. 지금 통역사랑 이야기를 나누려는 것이 아니니까. 통역사의 역할은 당신과 장애인 사이에서 정보를 중계하는 것이 아니라 대화를 원활히 돕는 데 있다. 즉 통역사에게 "이분한테 말해 줄래요?"라고 재차 물어볼 필요는 없다. 장애인을 바라보며 당신이 하려는 말을 하라. 그러면 통역사가 당신의 말을 번역해 전해 줄 것이다. 통역사가 없는 경우라면 펜과 종이를 준비하거나, 휴대 전화를 이용해 직접 대화를 나눌 수도 있다.

*시청각장애인(d/Deafblind)*과 대화를 할 때는 어떨까? 부분적인 *시청각장애인*으로 작가이자 활동가인 엘사 슌네손(Elsa Sjunneson)의 말을 들어 보자. 많은 사람이 그녀가 활발히 대화하지 못할 것으로 생각하지만 사실은 전혀 그렇지 않다. "내 주의를 끌려면 소리를 지를 것이 아니라 명확하게 '안녕하세요', '실례합니다' 이렇게 말하면 돼요. 또 내가 볼 수 있는 영역 안에서

손을 흔들거나 하면 도움이 되지요. 물론 어디에 내가 앉아 있느냐에 달려 있긴 하지만요." 그리고 만약 두 방법 중 어느 것도 적절하지 않은 상황이라면, 시청각장애인과 잘 아는 누군가에게 소개를 부탁하는 편이 낫다고 조언한다.

말을 더듬거나 느리게 말하는 사람, 혹은 글자판이나 전자 장비 같은 의사소통 보조 도구를 사용하는 사람과 대화를 나눈다면 절대 그들을 몰아대지 말라. 또 장난으로라도 그들이 하려는 말이 무엇인지 알아맞히는 게임 같은 것을 해서도 안 된다. 뇌성마비가 있는 성교육 지도사 에바 스위니(Eva Sweeney)는 글자판에 단어를 적기 위해 야구 모자에 달린 레이저 포인터를 사용하는데, "그냥 여느 다른 사람에게 하듯이 말하면 돼요."라고 거침없이 이야기한다. "우리의 대답을 들으려면 조금 기다려야 할지도 몰라요. 하지만 그건 말을 할 수 있는 사람들과 이야기할 때도 마찬가지죠. 사람들은 다양한 방식으로 의사소통을 하잖아요. 그러니 누군가와 새로운 방식으로 의사소통하고 연결되는 일에 마음을 활짝 열어 보세요."

자신보다 훨씬 키가 작은 사람, 혹은 휠체어에 앉은 사람과 대화한다면 그들의 사적 영역(개인 공간)을 침범하고 있지는 않은지 주의하라. 혹시 너무 다가서서 그 사람의 머리 위쪽에 우뚝 서 있지는 않은가? 그 사람이 당신을 쳐다보느라 학처럼 목을 뒤로 젖혀야 하는 상황은 아닌지? 만약 그렇다면 한두 걸음 물러서라. 만일 앉을 자리가 있어서 그 사람과 눈높이를 맞추어 앉을 수 있다면 그렇게 하라. 나를 포함해서 키가 작아져 버린 많은 장애인은 누군가 몸을 구부리거나 무릎을 꿇고 눈높이를 맞추는 데 익숙하다. 하지만 제일 좋은 건 먼저 직접 물어보는 것이다. 자칫 겸손을 가장하여 도움을 주는 것을 과시한다고 오해할 수도 있다. 그리고 너무 요란스럽게 굴 필요는 없다. 한번은 멋진 행사장에서 하이힐을 신은 한 여자가 굳이 나랑 몇 마디 대화를 나누기 위해 쪼그리고 앉겠다고 고집하는 바람에 몇 분간 매우 어색한 순간을 견뎌야 했다. 그녀가 주저앉지 않으려고 위태롭게 균형을 잡느라 쩔쩔매고 있었기 때문이다.

인지장애나 정보처리장애가 있는 사람과 대화하는 경우 명료하고 단순한 단어와 문장을 사용하고, 필요하다면 긴 단어나 전문 용어에 대해 추가 설명을 하라. 특별히 더 높은 음량이나 느린 속도로 말해 달라고 요청해 올 경우를 제외하면 일부러 크게 또는 느리게 말할 필요는 없다. 음성의 톤이나 음색을 변경할 필요도 없다. 아무리 좋게 생각하더라도 우습게 보일 뿐이고 최악의 경우엔 거만하게 보일 수 있다. 게다가 장애인이 당신을 더 잘 이해하는 데 별 도움이 되지도 않는다.

장애인을 대하는 대화의 예의범절을 딱 하나만 기억하고 싶은가? 그렇다면 이걸 명심하라. "오직 단 하나의 올바른 방법 같은 건 없다. 장애 여부와 상관없이 그 누구와의 대화에서도 말이다." 우리는 악수하기, 상대방의 눈을 응시하기, 반응하는 표정과 몸짓 등 대화를 원활하게 하기 위한 규칙들을 배웠다. 하지만 소위 스킬, 기술이라고 불리는 이런 것들은 장애인에게 항상 가능하지도 않거니와, 그것을 기대치의 기준으로 생각해서는 안 된다. 장애인과 의사소통하는 최고의 방법은 지나치게 생각하지 않는 것, 지나치게 애쓰지 않는 것, 바로 그것뿐이다. 다양한 의사소통 스타일을 열린 마음으로 받아들이는 것, 그리고 자신의 입장에서 생각하는 것이다.

피해야 할 일

장애를 대하는 예의에서 중심이 되는 주제는 바로 존중이다. '해야 할 일'에서도 '피해야 할 일'에서도.

장애 비하 발언

장애를 대하는 잘못된 태도에서 공통으로 드러나는 것이 '유아화'이다. 이는 장애인을 실제 나이보다 상당히 어린 것처럼 대하는 것으로, 장애 어린이를 마치 아기처럼 다루거나, 장애 성인들에게 "귀여워."라고 말하거나 머리를 쓰다듬는 행동을 한다. 지적장애, 자폐증 등 의사소통이나 사고에 장애가 있는 사람을 이렇게 대하는 경우가 꽤 많은데 〈자폐증 자기옹호 네트워크(Autistic Self Advocacy Network)〉의 사무총장인 줄리아 바스컴(Julia Bascom)은 이렇게 말하고 있다.

"자폐증 커뮤니티 사람들이 사고, 학습, 또는 자기 선택을 할 수 없다고 흔히 생각하지만 이것은 사실이 아닙니다. 이러한 생각은 인간성을 박탈하며, 많은 경우 학대의 원인이 됩니다."

이러한 사회적 편견과 싸우기 위해서 발달장애인 커뮤니티가 수용하는 중요한 핵심 가치가 바로 '간주역량(presume competence)'이다. "발달장애가 있는 사람이든 아주 심각한 장애가 있는 사람이든 모두가 풍요롭고 복잡한 내면의 삶을 가지고 있다는 것이 진실입니다." 바스컴은 설명한다. "아무리 장애가 심각하더라도 우리는 배울 수 있고 생각할 수 있고 느낄 수 있습니다. 다만 우린 이런 일들을 조금 다르게, 조금 느리게, 그리고 다른 사람들에 비해 더 많은 노력을 들여서 할 뿐입니다. 우리의 복잡성과 역량은 사람들이 기대하는 그런 명백한 방식으로 드러나지 않을지도 모르죠. 우리는 아마 더 많은 도움이 필요할 겁니다. 간주역량이라는 것은, 그럼에도 불구하고 이 모든 것과 상관없이 우리 역시 전적인 인간, 다른 모든 사람과 똑같은 권리를 가진 존재이고 올바른 지원만 있다면 우리도 자신을 표현할 수 있고 공동체에 참여할 수 있으며 스스로 결정할 수 있다는 아이디어입니다."

장애에 대해 일반화된 가정을 세우고 장애인 전부를 똑같은 오명, 편견의 넓적한 붓으로 덧칠해 버리는 행위 또한 흔한 일이다. 가령 시각장애가 있는 사람을 놓고 그 사람이 마치 지적으로도 장애가 있는 듯이 엉뚱한 추정을 하는 식이다. 그러고는 그를 부족한 사람 대하듯 오만하게 내려다본다. 이러한 문제의 핵심은 단지 장애 유형을 오해하는 데 있지 않다. 그보다는 장애인을 무시하는 태도, 지적장애에 대한 멸시와 오만함을 정당화하는 태도가 더 문제다. 그 누구에게도, 편견 어린 제멋대로의 짐작에 기반해 그를 얕잡아 보는 태도를 취해서는 안 된다. 모든 사람은 존엄성을 가진 존재로서 존중받을 자격이 있다.

정리해 말하자면 어떤 사람이 무엇을 할 수 있고 없는지에 대해 제멋대로 추측하지 말라는 것이다. 일을 감당하는 방식은 사람마다 다르기 마련이다.

묻기도 전에 먼저 도우려 들지 말라

재킷을 입는 것은 내게는 약간의 절차가 필요한 일이다. 먼저 나는 그것을 내 몸 앞에 들고 오른팔을 꼼지락거려서 오른쪽 소매에 밀어 넣는다. 그런 다음 재킷 전체를 휙 머리 위로 뒤집어쓰고, 왼팔을 왼쪽 소매 안으로 일부 밀어 넣고, 왼팔이 소매 끝까지 들어가도록 오른팔로 잡아당긴다. 이게 제일 쉬운 방법이라고는 할 수 없을 테고 또 외부의 관찰자가 보기에는 요령 없이 이상해 보일 게 분명하지만, 나는 지금까지 이 방법을 써서 재킷을 성공적으로 잘 입어 왔다. 문제는 이 과정이 마치 나를 열렬히 돕고 싶은 사람들을 끌어당기는 자기장을 만들어 내는 듯하다는 점이다. 어떨 때는 생판 낯모르는 사람들까지도 내 재킷을 묻지도 않고 잡아당기곤 한다. 게다가 내가 이런 봉변을 얼마나 자주 경험하는지 설명하려 들면 그들은 어깨를 으쓱하고는 그게 무슨 문제가 되냐면서, 좋은 의도로 하는 행동이니 도움을 받아들이라고 말한다. 친절한 행동일 뿐이니 불평하지 말라고 말이다.

 나는 모든 사람에게서 내면의 장점을 찾아내려 노력하는 사람이다. 사람에게는 서로 도우려는 본능이 있으며 그런 모습을 보는 것은 무척 기쁜 일이다. 그러나 다른 사람이 내 개인 공간에 함부로 들어오고 내 일상에 멋대로 끼어드는 것은 불편하고 불안하다. 이러한 행동 때문에 상황이 더 꼬이고 일이 어려워질 수 있는데도 호의를 거절하면 무례하게 보일까 싶어 속으로 참고 만다. 하지만 도움이 필요한지, 어떻게 도와주면 좋겠는지 먼저 묻지도 않고 일방적으로 도움 받기를 강요하는 처사야말로 정말 무례한 일이 아닐까.

 이토록 사람들이 자주 나를 도우려 드는 것은 아마 어느 정도는 나의 외모 때문일 것이다. 자그마한 체구의 백인 여성인 나를 사람들은 그저 곤경에 처한 아가씨쯤으로 여기고, 더 나아가 접근이 가능하고 위협적이지 않은 존재로 인식할 가능성이 높다. 즉 이 일은 모든 사람이 경험하는 바는 아니라는 뜻이다. 한번은 뉴욕시에서 기차를 기다리다가 찢어진 옷과 낡은 휠체어를 탄 늙은 흑인을 보았는데 그는 지나가는 사람들을 향해 최소한 열다섯 번 이상 도움을 요청하고 있었다. 자기 가방을 휠체어에 좀 걸어 달라고 말이다. 도움을 요청하는 그의 손에는 동전이 딸랑거리는 컵이 들려 있었다. 나의 경우 사람들은 부탁하지 않아도 종종 시간을 내어 도움을 주곤 했지만, 그의 말은 외면하고 그저 지나쳐 버렸다. 마치 그 흑인의 목소리를 듣지 못한 것처럼 말이다. 흥미로운 것은 그 흑인이 내게는 도움을 청하지 않은 것이다. 내가 바로 옆에 있었는데도 그는 내가 휠체어를 타고 있으니 자기를 도와주지 못할 것으로 생각한 모양이었다. 나는 그에게 다가가 내가 해 줘도 되겠느냐고 물었고 그는 받아들였다. 도움이 되어서 기쁘긴 했지만 일이 이렇게 흘러가서는 안 되는 거였다. 편견에 기반한 판단 때문에 이렇게도 간단한 요청을 많은 사람이 무시하고 지나친다는 것이 정당화될 수는 없을 것이다.

    반대로 생각해야 할 경우도 있다. 어떤 이들은 장애인에게 도와주겠다고 말하면 결코 거절당하지 않을 거라고 멋대로 생각한다. 시각장애인 권리 운동가인 왈레이 사브리(Walei Sabry)의 경험에 의하면, 그는 어느 날 시각장애인인 친구와 함께 수업 후에 기차를 타러 걸어가는 중이었다. "어디선가 모르는 남자 둘

이 불쑥 나타나서는 우리를 돕겠다고 작정한 것 같았어요. 아무 말도 없이 그들은 우리를 각각 잡았죠. 나는 나를 붙잡은 남자에게 제발 놓아달라고 부탁했어요. 우리는 괜찮다고요. 그런데도 그들은 계속 몇 분 동안이나 도와주겠다고 고집을 부려 댔습니다. 마침내 나를 잡았던 남자가 한다는 말이, '도무지 이해할 수가 없군요. 단지 돕고 싶은 건데요.'였어요. 그래서 말했죠. '우리는 당신들의 도움을 청한 바가 없어요!' 그들은 마침내 알아들었지만 기분이 좋은 것 같지 않았어요. 그 남자가 우릴 떠나면서 '당신 둘은 뉴욕에서 최악의 시각장애인들이야!'라고 소리를 지르는 거예요."

장애를 대하는 예의 중 '남의 영역을 침범하지 말라'를 기억하는가? 바로 이런 경우에 해당하는 말이다. 도와주려는 마음을 이 정도로 표현하는 것은 지나치다. 지금 자기에게 무엇이 필요한지 가장 잘 아는 사람은 바로 장애인 그 자신이다. 이것은 누군가가 정신건강 위기를 경험하고 있는 경우에도 고려해야 할 중요한 사항이다.

자신을 '정신질환 생존자'로 정의하는 리아 해리스(Leah Harris)는 이렇게 말했다. 위기에 처한 사람을 돕는 것은 단순히 잠깐 끼어들어 자기가 옳다고 생각하는 방식으로 문제를 해결하려고 드는 것이어선 안 된다고 말이다. 그 대신 그는 이렇게 해 보라고 조언한다. "그 사람에게 무엇이 필요한지, 어떻게 도울 수 있는지 먼저 물어보세요. 그 사람이 그것을 말로 표현할 수 없다면 몇 가지 제안을 할 수도 있지요. 만약 비슷한 경험을 했다면 무엇이 도움이 되었는지를 들려주면 어떨지 제안할 수 있습니다. 하지만 당부합니다. 위기에 처한 사람이 원하고 필요로 하는 것을 먼저 중심에 두지 않고 '고치고' 개선하려는 충동은 피해야 합니다."

물끄러미 쳐다보지도, 짐짓 시선을 돌리지도 말 것

종종 이런 농담을 하며 웃곤 한다. 제아무리 많은 군중 속에서도 나를 잃어버리긴 힘들 거라고 말이다. 왜냐하면 나는 탱크, 즉 무게가 400파운드 넘게 나가는 전동 휠체어와 함께 다니기 때문이다. 바퀴 위에 앉은 채 살아가는 삶이란 눈에 띄지 않는 존재가 된다는 게 어떤 느낌인지 모른다는 것을 뜻한다. 나는 그런 '눈에 띔'을 익숙하게 받아들이게 되었지만 사람들이 나의 존재를 불편하게 여기는 것만은 분명한 것 같다. 내가 눈에 띄는 이유는 아마도 내 휠체어가 보랏빛이고 힘이 넘치는 모습 때문일 것인데, 솔직히 나는 그것도 꽤 멋지다고 생각한다. 하지만 나를 향해 오래 머무는 뭔지 알 수 없는 시선은 불편하다. 여기에 나의 어머니처럼 눈에 띄는 또 다른 장애인과 함께 다니게 된다면 어떻겠는가. 마치 서커스장에서 막 탈출한 동물 같다는 기분까지 들 정도다. 구경거리가 된 듯한 느낌이란 정말 피곤하다.

장애인은 존재 그 자체만으로도 끊임없이 따가운 시선을 받는다. 자기자극행동(stimming), 즉 반복적인 동작이나 소리를 내는 모습은 늘 사람들의 시선을 받는다. 『Welcome to the Autistic Community(자폐스펙트럼 커뮤니티에 오신 것을 환영합니다)』라는 책에는 자기자극행동에 관해 이런 설명이 나온다. "우리는 다양한 이유로 자기자극행동을 한다. 감각의 균형을 잡기 위해, 감정을 표현하거나 뭔가에 집중하기 위해 그렇게 한다. 이것은 기분을 좋게 해 주며, 또한 재미있기도 하다." 즉 자기자극행동을 하는 것은 이상하거나 나쁜 일이 아니다. 오히려 빤히 쳐다보는 일이야말로 그런 일에 가깝다. 스탠드업 코미디언 파멜라 레이 슐러(Pamela Rae Schuller)는 투렛증후군(Tourette syndrome)을 갖고 있어 사람들의 시선을 받는 것이 어떤 느낌인지 잘 알고 있다. 이것은 소위 '틱(tics)'이라 불리는, 자기도 모르게 어떤 동작과 소리를 계속 반복하는 신경계 장애다. "사람들은 빤히 보면서 웃고 손가락질하고, 질문을 해 대고 심지어는 나를 촬영하기까지 해요." 그녀의 말이다. "코미디를 통해서 사람들이 '다름'에 대해 더 익숙해지게 하려고 노력하지만 때때로 정말 화가 나요. 한번은 어떤 여자가 지하철에서 저를 동영상으로 촬영하는 거예요. 그래서 나도 내 폰을 꺼내서 그녀를 촬영했어요. 만약 내 모습이 인터넷에 올라오기라도 하면 나를 거기 찍어 올린 사람의 얼굴을 반드시 알아야 했으니까요. 내가 장애인이라는 이유로 나에게 고통을 유발하고 나를 웃음거리로 만드는 일에 너무나 아무렇지도 않던 그 사람을요."

장애가 있는 모습을 봐 주기 힘들다는 듯 사람들이 힐끗 쳐다보고 눈길을 돌려 버리는 것도 고통스러운 일이다. 차별반대 활동가인 칼리 핀들레이(Carly Findlay)는 어린선(ichthyosis, 피부가 건조해져 물고기 비늘처럼 갈라지는 질환―옮긴이)이라 불리는 피부 질환이 있는데 저서『Say Hello(안녕하세요)』에서 이렇게 썼다. "집을 나서면 늘 내 외모 때문에 사람들이 빤히 쳐다보거나, 무례한 질문을 해 오거나, 함부로 취급하곤 한다. 그렇지 않은 날이 단 하루도 없다. 때때로 사람들은 고개를 돌려 외면해 버리기도 하는데 그것 역시도 빤히 쳐다보는 것만큼이나 상처가 되는 일이다."

눈에 띄는 외관이나 행동에 저절로 눈길이 갈 수도 있다. 뭐 그럴 수 있다. 하지만 그렇다고 빤히 쳐다보거나 눈길을 휙 돌려 버리는 등의 '요란'을 떨 필요는 없지 않을까. 그저 길에서 여느 사람을 지나치듯 그렇게 행동하는 것이 제일 좋다. 하지만 어쩌다 빤히 보게 되고 그것을 상대에게 들켰다면 그저 잠시 미소 짓고 가던 길을 가라. 그리고 다음에는 좀 더 낫게 행동하면 된다.

장애인을 놓고 기도 같은 건 삼가 주시길

종교적 신념을 위장한 편견을 마주치는 것은 장애인에게는 늘 겪는 통과 의례와도 같다. 대학을 졸업하고 몇 해 후 나는 꿈꾸던 직장에 입사 면접을 보러 여행길에 올랐고 호텔에서 하룻밤을 보냈다. 아침에 거울 앞에 서서 나 자신을 격려한 다음 식사하러 호텔 로비로 향하면서 인터뷰 때 할 말을 생각했다. 시리얼 한 그릇을 집으러 다가갔을 때 어린 소녀 하나와 그 어머니가 다가와 도와주겠다고 말했다(+1점). 나는 도움을 받아들이고 감사를 표하고는 노트를 꺼냈다. 그때 소녀가 가지 않고 머뭇거리더니 어머니에게 물었다. "엄마, 저 여자분을 위해 기도해도 될까요?"(-1점, 나에게 직접 묻지 않았으니까. 그리고 다음의 행동 때문에 -1,000점) 그녀는 예수 그리스도에게 나를 고쳐 달라고 기도했다. 그러는 동안 로비에 있던 다른 모든 사람은 불편한 기분으로 우리를 지켜보아야 했고, 나는 오렌지 주스를 마시다 숨을 제대로 못 쉴 것 같아 안간힘을 써야만 했다. 그녀가 기도를 끝냈을 때 나는 고맙다고 중얼거리고 재빨리 빠져나왔지만 정말 당황스러웠다. 인터뷰하러 가면서 나는 그 터무니없는 사건을 그저 웃어넘기려고 애썼다. 사실 그 일의 어떤 부분도 우습게 넘어갈 일은 아니었지만, 가장 어이없어 쓴웃음을 짓게 된 건 내가 유대인이라는 사실 때문이었다(유대인은 예수를 신으로 숭배하지 않기 때문이다—옮긴이). 나는 마치 바람 빠진 풍선 같았다. 그날 중요한 순간을 준비하면서 내가 가진 모든 자신감을 끌어모으고 있었건만, 나에게 '어떤 사실'을 일깨워 주는 한 사람을 만나서 그만 기가 팍 꺾여 버리고 만 것이다. 사람들이 나라는 존재, 나의 몸을 부담스러워한다는 바로 그 사실을 말이다. 나는 자제력을 발휘해 그날의 인터뷰를 잘 마쳤다. 하지만 지금도 그날 내 모습을 떠올리며 후회하고, 다짐한다. 그때 그 소녀와 어머니를 찾아내어 내가 그들에게 했던 감사 인사를 거두고 분명히 말해 주고 싶다고. 그들이 나의 장애를 바라보는 렌즈가 종교적이든 어떻든 나는 망가진 존재가 아니며 그러므로 고쳐 달라는 기도 같은 건 필요하지 않다고.

장애 정도를 제멋대로 추측하지 말라

우리는 '장애가 없는 상태'를 인간의 기본 상태로 이해하도록 사회화되어 있다. 그것은 외관상 장애로 보이지 않는다면 보통 장애인이 아닐 거라 간주한다는 뜻이다. 나 역시 마찬가지였지만 지금은 정말 열심히 달라지려고 노력하고 있다. 장애에 대한 모든 고정관념과 선입견을 버리자. 장애가 있어 보이는 것, 장애가 없다고 생각되는 것 모두에 대해 말이다. 마음대로 추측하지 말라. 대신 모든 상호 작용에서 장애에 대한 예의와 접근성을 포함해 달라. 또한 잊지 말아야 할 것은 누군가에게 장애가 있는지 그렇지 않은지는 전적으로 사적인 정보이고 그것을 공개해야 할 어떤 의무도 없다는 것이다. 그러니 부디 꼭 필요할 때만 적절하게 질문해야 한다.

어떤 사람을 두고 정말로 장애인인지 아닌지에 대해 제멋대로 추측하는 경우가 있다. 유감스러운 일이다. 이런 일이 흔히 일어나는 곳이 장애인 주차 공간이다. 패럴림픽 선수 출신인 래이시 헨더슨(Lacey Henderson)은 누군가 자신을 장애인일 리 없다고 판단했던 경험이 있다고 말했다.

"대학생일 때 나는 초록색 폭스바겐을 몰고 다니며 커다란 선글라스를 쓰고 어딜 가든 음악을 크게 틀곤 했죠. 한번은 도서관에 책을 반납하려고 차를 운전해 가는데 어떤 여자가 내 차 옆으로 오더니 장애인 주차 구역이라고 소리치더군요. 장애인 주차증을 놓아두었건만 아마도 못 본 모양이지요. '나는 의족을 하고 있어요.'라고 말했더니 그녀는 내가 자기한테 뭘 잘못하기라도 한 듯이 굴었어요. 세상에 어떻게 작은 차를 몰며 인생을 즐기는 귀여운 젊은 아가씨가 장애인 주차증을 받을 자격이 되는 장애를 지닐 수가 있느냐고, 따지듯이 말이에요. 20대 젊은 여성이었던 나는 사과하는 것처럼 그랬었고요. 언제나 상황에 맞추고 다른 사람을 불편하게 해서는 안 된다고 배웠으니까요. 하지만 지금은 다르게 생각해요. 미리 배웠더라면 좋았을 거예요. 누구에게도 내 장애에 관해 말해야 할 어떤 의무도 없다는 것을요."

헨더슨의 말이 맞다. 누구에게도 자신의 장애에 관해 대답할 의무는 없다. 덧붙여 다른 사람이 장애인인지 아닌지, 그 상태가 어느 정도인지 마음대로 추측하지 않을 의무가 있다. 물론 보기에 명백한 장애가 있는 사람을 두고 장애가 없다고 여기듯 구는 것도 자연스럽지 않다. 내가 말하려는 것은 시키지도 않았는데 굳이 나서서 누군가가 장애인이라는 걸 명확히 인정할 필요는 없다는 것이다. 하지만 만일 대화 중에 장애가 언급된다면 날아오는 물 풍선이라도 되는 양 그것을 피하려 들 필요 또한 없다.

장애인 편의 시설은 장애인의 몫으로

볼일이 있어 어딘가에 갔다고 상상해 보자. 그런데 주차장에 들어갔는데 주차할 곳이 없다. 화장실이 급한데 누군가 사용 중이다. 공연을 보러 갔는데 앉을 자리가 없다. 이런 일들이 비장애인에게는 가끔 겪는 사소한 곤란이겠지만 많은 장애인에게는 늘상 맞닥뜨리는 현실이다. 장애인용 주차 공간, 장애인용 화장실, 장애인용 좌석과 같은 필수 시설은 수요는 많지만 공급은 부족하다. 이 문제를 해결하기 위해 장애인들은 종종 미리 계획을 세우고 목적지에 일찍 도착하려고 추가적인 노력을 기울인다. 대다수의 비장애인은 그냥 마음대로 나갈 수 있지만, 나는 도착 시간으로부터 역순으로 주차, 화장실, 엘리베이터 찾기 또는 좌석 찾기와 같은 접근성 문제에 대비할 시간이 얼마나 더 필요한지를 계산해야 한다. 꼭 필요하지도 않은데 비장애인이 장애인 시설을 사용하면, 그것이 정말로 필요한 사람의 사용을 가로막는 게 된다. 하지만 장애인 편의 시설을 사용하고 있는 사람의 장애 여부를 마음대로 추측하지는 말자. 눈에 보이는 장애가 있는 사람들에게만 그 공간이 필요한 것은 아니기 때문이다.

    화장실의 경우를 보자. 유모차에 아기가 있거나, 화장실이 모두 사용 중인데 너무 급한 상황이라서 장애인용 화장실을 사용하는 것이라면 이해할 수 있다. 그러나 단지 짐을 놓기 위해서, 옷을 갈아입거나 화장하는 데 더 넓은 공간이 필요해서, 네 명이 한꺼번에 들어가야 해서 등등의 경우라면 다른 이야기다. 장애인용 화장실이 꼭 필요한 게 아닌데도 그곳을 사용하는 행위, 특히 다른 사용 가능한 화장실이 있는데도 그럴 경우라면 이는 오직 그 화장실만을 사용해야 하는 사람들에게 불필요한 어려움을 만드는 것이다. 화장실 앞에 사람들이 길게 줄을 서 있고 장애인용 화장실만이 유일하게 비어 있다고 해도 긴급한 상황이 아니라면 사용하지 않도록 하자. 만약 사용하게 될 때는 먼저 그곳을 꼭 사용해야만 하는 장애인이 있는지 물어보는 편이 좋다.

    주차 허가증이 없이 장애인 전용 주차 구역에 차를 세우는 것은 절대 하지 말아야 할 일이다. 이런 사람들이 하는 온갖 변명이 있다. "잠깐만 세울 생각이었어요." 또는 "누굴 잠깐 기다리고 있는데 곧 차를 뺄 겁니다." 용납하기 어렵다. 장애인 주차 구역 사이 공간에 차를 세우는 사람들도 있다. 그곳은 비장애인의 주차를 위한 공간이 아니다. 허가증을 가진 사람, 즉 장애인이 타고 내리도록 마련된 공간이다. 사람들이 규칙을 어기면 장애인은 자기 차에 타고 내리기 어려워져 발이 묶일 가능성이 커진다. 이건 정말 안 될 일이다.

다 안다고 생각하지 말라

나는 비교적 공감을 잘하는 편이다. 그래서인지 다른 사람의 경험과 감정을 이해하기 위해 시간을 들여 경청하고 노력하는 사람들을 진심으로 소중히 여긴다. 하지만 내가 겪고 있는 장애를 다 이해한다는 듯 행동하는 사람을 만날 때도 많다. 그들은 종종 나를 불쌍하게 여기는, 동정심과 우월감이 섞인 태도를 가지고 있었다.

교통 기획자인 매디 루볼로(Maddy Ruvolo)는 만성질환을 갖고 있는 장애인이다. 이 문제에 관해 이야기했을 때 그는 이렇게 대답했다. "내가 만성피로를 갖고 있다고 얘기하면 사람들은 '나도 너무 피곤한걸요. 나도 같은 병인가 싶네요.'라고 말해요. 물론 나도 그게 공감대를 형성하려고 하는 좋은 의도에서 나온 말이라는 건 알아요. 하지만 내 상황을 너무 가볍게 여기는 것같이 느껴지죠." 경솔한 태도도 좋지 않지만 동정심을 과하게 표현하는 것도 좋지 않다. "어떤 사람은 가끔 '오, 정말 안됐어요.'라고 반응하기도 해요." 루볼로는 계속 말했다. "좋은 뜻으로 한 말이란 건 알지만, '아, 나는 정말 괜찮아요.'라고 내가 오히려 그들의 기분을 달래야 하는 상황에 놓이고 싶지는 않아요." 자기 경험을 얘기하는 것만이 상대의 기분을 좋게 만들 수 있는 것은 아니다. 그저 "이야기해 줘서 고마워."라고 말하는 것이 가장 좋은 반응일 수 있다고 루볼로는 말했다.

    아는 척 가장하지 않고도 누군가의 경험에 공감할 수 있다는 걸 기억하자. "다리가 부러져서 한 달 동안 휠체어를 사용한 적이 있었는데, 일하고 돌아다니고 그러는 게 정말 어려웠어요. 그래서 당신이 지금 겪는 어려움을 잘 이해할 수 있어요." 이런 취지의 여러 가지 변형된 문구를 들어봤는데, 언제나 씁쓸한 뒷맛을 남기곤 했다. 이렇게 말하는 사람은 회복할 수 있는 본인의 부상과 장애 사이에는 큰 차이가 있다는 것을 깨닫지 못하는 것 같다. 다리가 부러진 상태로 회복의 와중에서 접근 불가능성으로 인한 문제를 경험할 수는 있겠지만, 그건 일시적인 문제에 불과하며 일생에 걸친 장애와는 전혀 다르다. 물론 선한 의도를 가졌다고는 믿지만, 여기 건네고 싶은 더 중요한 질문이 있다. "여러분이 얻게 된 장애 경험에 관한 새로운 통찰을 어떻게 활용할 건가요? 장애인의 접근성을 위해 투쟁하고 사회적 편견에 대항할 의향이 있으신지요?" 솔직히 말하자면 이런 경험을 가진 사람이 장애 커뮤니티 동조자로 다가올 가능성이 커진 것은 맞다. 비록 일시적인 장애 경험이 '모든 어려움을 다 이해하는' 것이 될 수는 없지만.

어린이의 호기심에 대응해야 할 경우

어린이들에게는 장애 에티켓이 완전히 다른 게임일 수 있다. 그들의 끊임없는 호기심은 때로는 꽤 흥미로운 순간들을 만들어 낸다. 어린이들은 주변 사람들과 다른 모습을 가진 사람을 빤히 쳐다보거나, 상황을 제대로 파악한 어른이라면 하지 않았을 어색한 질문을 하기도 한다. 개인적으로 나는 어린이들의 질문에 대해서는 아무 유감도 없다. 왜냐하면 그것이 그들이 세상을 배우는 방법이니까. 그리고 꽤 재미있을 때도 있다.

  나는 호기심 어린 아이들의 시선을 수없이 많이 받아 왔고 대개 그 호기심을 받아들이곤 했다. 이것을 가르침의 순간으로 여기고 편안하게 받아들이며 기꺼이 동참한다. 그러나 모든 장애인이 나처럼 느끼는 것은 아니다. 당연히 그럴 수 있다. 만약 어떤 아이가 내 휠체어가 어떻게 작동하는지 궁금해한다면 나는 기꺼이 시연해 보인다. 만약 그들이 내 다리에 무엇이 '잘못되었는지' 묻는다면 나는 내가 태어날 때부터 장애가 있었다고 얘기해 준다. 이 정도가 대체로 아이들의 호기심을 충족시키고 친근

한 방식으로 무언가를 가르치는 데 필요한 전부다. 나는 다른 사람에게 자녀를 어떻게 키워야 하는지 조언할 만한 권위가 있는 사람은 아니지만 이러한 상황에서 장애가 있는 아이들과 없는 아이들 모두에게 적용할 만한 제안을 하고 싶다.

장애인의 입장에서만 말하려는 것은 아니라는 걸 먼저 밝힌다. 지금 하려는 이야기는 비장애인 아이의 돌봄 책임자로서 몹시 당황했던 경험이다. 〈겨울왕국 2〉가 나왔을 때 우리 가족은 여덟 살짜리 이웃 아이를 데리고 극장에 간 적이 있다. 티켓 창구의 직원은 안면장애가 있는 남성으로 우리 지역 영화관에서 꽤 오랜 기간 일해 온 사람이었다. 내가 데려간 어린이는 그 직원에게 티켓을 건네면서 빤히 그의 얼굴을 바라보더니 "얼굴이 왜 그렇게 되었어요?"라고 불쑥 물었다. 나는 너무 놀라 팝콘을 떨어뜨릴 뻔했다. 티켓을 받은 직원은 품위를 잃지 않고 점잖게 그 질문에 대답했다. 나는 아이를 야단치고 싶은 충동을 누르고 우선 "질문에 답해 주셔서 고맙습니다."라고 인사하도록 했다. 극장에 들어서면서 무슨 말을 어떻게 해야 할지 고민했다. 아마도 나는 무의식적으로, 이 아이는 나나 내 어머니가 휠체어를 사용하는 모습에 익숙하니까 다른 신체적 차이에 대해서도 편안하게 받아들일 것으로 짐작했던 것 같다. 이것은 아이와 나 둘 다에게 귀중한 교훈이었다. 나는 사람은 모두가 다른 모습을 하고 있다는 것, 그리고 그것이 세상을 이토록 아름답게 만드는 하나의 요소라고 신중하게 설명했다. 또 나는 아이에게 호기심을 가질 수는 있지만, 그래도 조심성 없이 불쑥 질문을 던져서는 안 되는 거라고 말해 주었다. 솔직히 적절한 말을 찾기가 여간 힘들지 않았다. 하지만 아이는 여덟 살 어린이 나름의 방식으로 '다르다는 것'이 '나쁜 일'은 아니라는 것을 이해한 것 같았다.

내가 이 상황을 할 수 있는 최선으로 잘 처리한 걸까? 나는 이 어린아이를 제대로 이해시킨 걸까? 잘 모르겠지만 그렇길 바란다. 이런 순간들은 참 어렵고 아이가 또 어떤 엉뚱한 반응을 보일지 알 수 없다. 하지만 경험에서 나온 최선의 방침은 다음과 같다. 되도록 아이를 무례했다고 야단치거나 말문을 막지는 말자. 이런 행동은 부모의 양육 스타일에 따른 본능적인 반응일 수도 있겠지만, 어쩌면 장애에 대해서 어른이 느끼는 수치심이나 불편함에서 비롯한 것일지도 모르겠다. 그러니 만일 아이가 장애인을 보고 "왜 저 아저씨는 저렇게 우스꽝스럽게 걸어요?" 같은 질문을 하거든 가능한 한 정직하게 답하라. "나도 정확히는 몰라. 하지만 장애라고 불리는 어떤 문제가 저분의 다리에 영향을 끼쳤을 거야. 궁금해하는 것은 괜찮지만 그래도 명심해. 누군가가 너와는 다르게 걷는다고 해서 그걸 우스꽝스럽다고 말하는 건 예의가 아니야."

그리고 아이의 질문에 대한 반응으로 농담이나 심술궂게 말하는 것만은 삼가자. 한번은 어떤 아이가 나를 가리키며 "엄마, 저 사람은 왜 저런 거예요?" 하고 물었을 때, 그 어머니는 아이를 확 잡아당기면서 이렇게 말했다. "그런 질문을 하면 안 돼. 그러면 휠체어로 널 공격할지도 몰라." 어린이들은 경험을 통해 배우며 그 경험을 따라 할 것이다. 어른이 아이에게 장애에 대한 편견과 차별, 수치심과 무지를 보여 주는 것은 그러한 태도와 행동을 미래 세대에게 전수하는 셈이다. 장애 아동의 부모나 보호자에게도 적용되는 이야기다. 장애 아동을 돌보는 부모로서 자기 아이가 이런저런 질문이나 말에 시달릴 때 어떻게 대처해야 하는지에 대해, 나는 가장 신뢰할 수 있는 대상인 내 부모님께 물었다. 아버지는 조심스레 말을 고르시면서 각 상황의 맥락을 고려하는 것이 중요하다고 강조하셨다.

"단호한 규칙 같은 건 없어. 부모로서의 본능은, 특히 뭔가 부적절한 말을 한 사람이 어린이라면 제대로 가르쳐줄 기회로 삼고 싶지. 또는 어색한 상황을 모면하고 싶을 수도 있고. 만약 그 아이의 부모가 아이를 혼내거나 해롭게 대응한다면, 본능적으로 그것을 고치려 들겠지. 하지만 그런 대응이 잘 받아들여지지 않을 수 있다는 것도 염두에 둬야지."

"사안에 따라 다르단다. 그냥 흘려 버려야 할 때와 가르침을 주어야 할 때가 있어. 그때그때 판단해야겠지."

어머니도 동의하셨다. 그러고는 나를 키우던 때를 회상하시면서 다시 말했다.

"아버지와 나는 네가 이해할 수 있도록 도와주고 싶었어. 그래, 너는 장애가 있어. 맞아. 사람들은 질문을 해 대거나 너를 다르게 대할지도 몰라. 불행하게도 그게 현실이지. 우리로서는 네가 절대 자신을 부끄럽게 여기지 않도록 하는 것, 그리고 그런 순간에 어떻게 대응할 수 있을지를 가르쳐 주고 무조건 널 지지하는 것이 제일 중요했단다."

나쁜 장애 에티켓 멈추기

여기까지 읽고 나면 궁금해질 수 있다. 내가 비장애중심주의를 악화하는 말이나 행동을 한 건 아닐까? 내 태도는 과연 적절했을까? 이걸 고칠 수 있을까?

첫 번째 질문에 대한 답은 이것이다. 어쩌면 당신은 비장애 중심적인 무례를 한 번, 아니 여러 번 범했을 수도 있다. 하지만 너무 자신을 탓하지는 말자. 죄책감이나 부끄러움을 느끼게 하려고 이 말을 한 것이 아니다. 그렇다고 해서 무례한 행동을 무조건 받아들이려는 것도 아니다. 대신 앞으로 더 나아지기 위한 기회로 삼기를 권하고 격려하고 싶다. 그러면 자신이 비장애 중심적인 행동을 하고 있다고 깨닫는 순간 곧바로 고칠 수 있다. 사실 누군가 그 순간에 당신의 실수를 지적하면 곧장 방어적이 되어 "너무 예민한 거 아니야?" 또는 "뭐야, 내가 그런 의도로 말한 게 아니라는 걸 알잖아."와 같이 반응하기 쉽다. 하지만 최선의 대응은 당신의 행동이나 말로 인해 장애가 있는 상대방이 어떻게 느꼈을지를 진심으로 생각해 보는 것이다.

쉬운 일은 아니다. 하지만 어머니의 휠체어에 대해 부적절한 말을 했던 어떤 여자의 이야기를 들어 보면 이해할 수 있을 것이다. 어머니는 번잡한 상점 계산대 줄에서 차례를 기다리는 중이었다. 그때 뒤에 서 있던 어떤 여자가 이렇게 말했다. "이럴 때 서 있지 않아도 되니 당신은 정말 운이 좋네요." 어머니는 한숨을 쉬고 물건값을 치르고는 계산대를 나왔다. 그런데 아까 그 여자가 어머니를 따라와 인사하면서 "저, 아까 그 말은 정말 안 했어야 해요. 미안해요."라고 사과하는 것이었다. 짧고 간결하면서도 자기 실수를 인식한 말이었다.

만약 누군가에게 뜻하지 않게 비장애 중심적인 행동을 했을 경우, 다음과 같이 바로잡기를 권한다.

먼저 방어적인 태도를 취하지 않도록 노력하라. 그런 다음 무슨 일이 일어났는지 생각해 보라. 말이나 행동으로 인한 문제, 즉 예의 없는 농담을 했다거나 그런 경우인가? 아니면 생각이 모자라 미처 하지 않은 행동, 즉 장소가 접근성이 없다는 이유로 장애인 친구를 파티에 초대하지 않은 것 같은 경우인가? 어느 경우든 그것을 인정하고 진심으로 사과하라. 때로는 대화를 계속 이어 가는 대신 그냥 넘어가는 것이 더 좋을 수도 있다. 하지만 상대방이 이에 대해 더 얘기하려고 한다면, 그의 기분을 이해하고 어떻게 나아질 수 있는지를 배우기 위해 시간을 내어 대화하는 것이 좋겠다.

또, 과거에 했던 비장애 중심적인 발언이나 행동이 마음에 걸리거든 어떻게 보상할 수 있는지 생각해 보라. 과도하게 친절하게 행동하면서 잘못을 만회하라는 뜻은 아니다. 누군가의 해묵은 상처를 굳이 들추어 내는 것도 말리고 싶다. 그러나 그런 말이나 행동으로 상처받은 장애인 당사자에게 도움이 될 수 있다면, 사려 깊은 대화를 하는 편이 나을 때도 있다.

공개적으로 지적하거나, 개인적으로 접근하거나

비장애 중심적 발언이나 행동을 목격했을 때 어떻게 대응해야 할지 잘 모를 수 있다. 나 역시 그런 순간을 무수히 겪었고, 처음에는 마음이 불편했지만 시간이 갈수록 점점 나아져 지금은 친절하고 솔직하게 대응할 수 있다. 예의에 어긋난 쪽은 상대방인데도 그들의 감정을 신경 쓰고 조심해야 하는 것이 조금 짜증스럽기는 하지만 말이다. 가장 효과적인 방법이 있다. 흔히 발생하는 상황을 다루는 방법에 관해 얘기해 보자.

무심코 비장애 중심적 언어를 일대일 또는 소규모 그룹

대화에 사용하는 사람을 종종 본다. 그들은 자신이 하는 말의 함의나 여파를 모르는 경우가 많다. 예전에는 나 혼자 속으로 그것을 지적해야 할지 그냥 넘어갈지 고민하곤 했는데, 말할 용기를 냈을 때는 이미 적절한 타이밍이 지나가 버린 경우가 많았다. 지금은 말이 끝나기를 기다려 이렇게 말해 주곤 한다.

"당신이 나쁜 의도로 말했다고 생각하진 않지만, 그 말은 사실 장애인을 차별하는 말이라서 별로 좋지 않아요. (적절한 대안을 알려 주고) 다음에는 이렇게 말하는 게 어때요?"

이 접근 방식은 대체로 상대방을 방어적으로 만들지 않으면서도 내 의견을 충분하고 단호하게 전달하는 효과가 있다.

공개적으로 거론하는 것이 효과적이지 않을 것 같은, 혹은 어떻게 접근할지 방향을 잡기가 어렵거나 아예 거론 자체가 불가능한 경우도 많았다. 예를 들어, 누군가가 공공장소나 미디어를 포함한 대중 앞에서 비장애 중심적인 말이나 행동을 하는 경우가 있다. 특히 그런 말이 한 마디 이상 나올 경우라면 나는 곧바로 '사적인' 후속 조치를 취하는 편이다. 이 말은 여러 사람 앞에서 공개적으로 문제 제기를 하지 않고 개인적으로 불러내는 방식의 접근을 뜻한다. 아는 사람이라면 "안녕하세요. 관심 있는 사항이 있어서 말씀 나누고 싶었습니다. 지금 괜찮으신가요?"라고 메시지를 보내거나 전화를 걸어 보는 것이 편하다. 낯선 사람이라면 공손하지만 명확한 내용의 이메일을 보내고, 내 우려를 설명하며 더 심도 있는 대화를 나누자고 제안한다.

특정한 사람을 향한 비장애중심주의를 목격할 때 상황은 좀 더 복잡해진다. '좋은' 연대자가 되기 위해 수비수로 나서야 할까? 아니면 당사자가 스스로 감당하도록 놔두는 편이, 마치 내가 구세주인 양 오버하는 것보다 낫지 않을까? 혹시 그렇게 하면 '나쁜' 연대자가 되는 걸까? 이런 질문에 명확한 대답을 할 수 있다면 좋겠지만, 경우에 따라 다르다고 할 수밖에 없다.

최선의 조언은 이렇다. 첫째, 비장애중심주의의 피해를 보고 있는 사람의 신호를 따르고, 둘째, 실제로 도움이 될 수 있는지를 판단하는 것이다. 대화에 끼어들기 전에, 혹시 자신이 지금 비장애중심주의의 불길에 기름을 붓고 있는지, 아니면 상황을 진정시킬 수 있고 진짜 도움이 되는 말이 있는지 고려해 보자. 대면 상황에서라면, 함께 있는 사람이 비장애중심주의의 피해자일 경우 보통은 그가 상황을 주도하도록 하되, 그의 말을 반복하거나 최대한 지원하는 것이 좋다. 물론 누군가가 잠재적으로 위험한 비장애 중심적인 상황에 처했고 괴롭힘이나 육체적인 가해 같은 명백한 위협이 있을 경우라면 적극적으로 개입해야 할 것이다. 그럴 수 있는 역량이 있고 그렇게 하는 것이 안전하다는 전제하에 말이다.

모든 상황은 다 다르다. 비장애중심주의에 언제나 제대로 대항할 수 있는 것도 아니다. 하지만 모두의 행동이 이 세상에 끼칠 영향에 대해서 좀 더 명료히 자각함으로써 우리는 모두 더 나은 세상, 덜 차별적인 세상을 만드는 데 일조할 수 있을 것이다.

6장
미디어 속의 장애

서구 사회 역사에서 장애인은
'부분적으로' 전시되는 존재, 즉,
정치적·사회적으로는 지워지면서도
시각적으로는 도드라지게 처리되었다.

로즈마리 G. 톰슨(Rosemarie G. Thomson, 생명윤리학 교수)

타임머신을 타고 1970년대 초로 돌아가 보자. 나중에 내 어머니가 될 어린 소녀 엘렌은 잡지를 보다가 어린이 퀴즈쇼 광고를 보고 깜짝 놀란다. 디라는 소녀가 게스트로 출연할 예정인데, 그녀가 다름 아닌 라슨증후군을 가지고 있었던 것이다. 엄마는 정말 깜짝 놀랐다고 했다. 지금까지 한 번도 남동생, 즉 나의 외삼촌 말고는 같은 장애가 있는 사람을 보거나 들은 적이 없었고 광고에서 보게 될 거라고는 상상도 하지 못했다. 흥분한 어머니는 방송국에 전화를 걸었고 그 소녀와 연락할 수 있는지 물었다. 한동안 엄마와 디는 편지를 교환했고 몇 년이 지난 지금은 소셜 미디어 친구 사이다. 어머니의 유년 시절을 통틀어 같은 장애가 있는 사람을 대중 매체에서 본 유일무이한 사건이었다.

  내가 태어난 1990년대 즈음 대중 매체의 분위기가 바뀌기 시작했다. 책이나 텔레비전에서 나 같은 아이를 본 적은 거의 없었지만 딱 두 번, 아주 강한 인상을 받았던 경험이 있다. 하나는 물리치료를 받는 두 아이, 패트릭과 엠마 루의 이야기였는데, 어머니가 장애 아동의 부모 대상 잡지를 읽다가 발견한 것이었다. 패트릭이 자신의 장애를 슬퍼하면 엠마 루는 이렇게 말하곤 했다. "너는 그저 너고, 나도 그저 나인 거야." 이 장면은 언제나 나를 미소 짓게 했다. 또 다른 강렬한 기억은 나와 같은 장애가 있는 타라 쉐퍼를 보았던 일이다. 휠체어를 탄 그 아이가 〈Sesame Street(세서미 스트리트, 미국의 유·아동용 교육 TV 프로그램—옮긴이)〉

에 나온 것이다. 그렇게 타라를 처음 본 지 몇 년 뒤, 마치 운명의 손짓처럼, 나 역시 타라와 같은 모습으로 다른 아이들에게 나타날 기회가 왔다. 열 살 되던 해 나는 여러 에피소드에 출연하여 신체장애가 있는 삶에 관해 이야기했고 엘모와 빅버드와 오스카 더 그라우치(《세서미 스트리트》에 등장하는 주요 캐릭터—옮긴이)랑 놀았다. 정말이다! 맞다. 그때가 내 인생의 하이라이트 중 하나였다. 밖에 나가 돌아다닐 때 몇 번인가 사람들이 나를 알아보기도 했고, 그러다 보니 내가 뭔가 상당한 영향을 끼친 것처럼 느끼기도 했다. 하지만 더 중요한 것은 이 경험을 통해 미디어에 등장하는 긍정적이고도 진실한 장애 묘사가 얼마나 중요한지를 배울 수 있었다는 점이다.

장애를 진정성 있게 표현한 미디어 작품을 찾기란 정말 어렵다. 미디어에서 장애를 다루는 흔한 방식은 장애인을 다차원적인 인간으로 그려 내지 않고 단조로운 풍자로 축소한다는 것이다. 아니, 놀라운 일이지만 장애가 있는 사람들은 미디어에 거의 등장하지 않는다. 정확하고 진정성 있게 그려 내는 것은 고사하고 말이다. GLAAD(미국의 비정부 기구이자 인권 단체—옮긴이)의 보고서 〈Where We Are on TV〉(2019~2020)에 따르면, 방송 프로그램에서 879명의 주요 등장인물을 살펴본 결과, 장애가 있는 인물은 전체의 3.1퍼센트에 해당하는 27명뿐이었다. 이는 전 세계 인구의 15퍼센트를 차지하는 장애인의 실제 비중에 훨씬 못 미치는 결과다. 설령 장애인이 나오는 경우라도 장애인이 얼마나 다양한 집단인가를 무시할 때가 많고, 심지어 다양성이라는 개념을 위한 일종의 구색 맞추기용으로 장애인 등장인물을 활용하는 경우도 많다. 말하자면 "여기, 다양성이 있어요!"라는 신호로, 눈에 보이는 신체적 장애가 있는 백인 이성애자 시스젠더가 휠체어에 앉아 등장하는 식이다. 하지만 그것은 다양성이 아니다. 그저 구색 맞추기일 뿐, 장애인 커뮤니티 내부의 독특한 특성을 완전히 지워 버리는 것이다. 키아 브라운(Keah Brown)은 『The Pretty One(멋진 사람)』에서 이 점을 정확하게 지적한다. "백인이고 남자인 휠체어 사용자들의 이야기를 하는 것 자체야 아무 문제가 없지요. 그들의 이야기는 물론 중요합니다. 다만 전달할 가치가 있는데도 무시해 온 다른 이야기가 훨씬 많다는 거죠."

장애에 대한 부정적인 시각을 반영하고 지속시키는 고정관념과 편견에 심하게 의존하는 미디어 제작자들의 문제도 있다. 비장애 중심적인 표현에 둘러싸여 살아가다 보면 비장애인과 장애인 모두 그것이 진실이라고 생각하기 쉽다. 영화의 한 장면, 책 한 페이지 또는 온라인 기사 한 편만으로도 부정확한 부분과 진실 사이의 경계를 조작할 수 있으며, 차별을 낳는 순환고리의 연료가 될 수 있다. 장애인은 그 순환고리 중간 어디쯤에 갇히고 만다. 미디어는 우리가 어떻게 대우받는지뿐만 아니라 우리가 자신을 어떻게 인식하는지에도 영향을 미치기 때문이다.

그러면 어떻게 이 악순환의 고리를 끊을 수 있을 것인가? 가장 강력한 시작점은 어떤 종류의 고정관념이 있는지 찾아보고, 또 그것을 어떻게 이해해야 할지를 배우는 것이다. 이 목록은 물론 아주 길다. 지금부터 전부는 아니지만 미디어에서 가장 흔히 사용되는 몇 가지, 이른바 트로프(tropes, 자주 사용하는 전형적인 주제나 장면, 캐릭터 유형 등—옮긴이)라 부르는 것을 다뤄 보려고 한다. 그렇게 함으로써 장애를 나타내는 긍정적인 표현과 해로운 표현 간의 차이를 좀 더 잘 구분할 수 있을 것이다. 이때 명심해야 할 것은 그러한 트로프가 각각 별개로 존재하는 것이 아니라 미디어 지형 속에서 서로 얽히고 겹치는 경우가 많다는 사실이다. 이는 우리가 정확하게 장애를 묘사할 방법을 찾아내는 데 훨씬 더 큰 노력을 기울여야 한다는 사실을 보여 준다.

영감을 주는 포르노

'포르노'라니 대체 무슨 말인가? 이 용어는 작고한 장애 권익 운동가 스텔라 영(Stella Young)에 의해 널리 알려졌다. 그녀는 이런 종류의 이야기를 대범하게, 있는 그대로 이야기하는 재능을 가진 정말 멋진 사람이었다. '영감을 주는 포르노'는 확실히 눈총을 받기 쉬운 표현이지만 장애인의 이야기가 미디어에 의해 어떻게 실체화되는지를 정확하게 보여 준다. 즉 미디어가 시청자로 하여금 훈훈한 감정과 함께 자신은 좀 더 행복한 사람이라는 느낌을 받게 만든다는 개념을 정확히 설명하고 있다. 졸업식 무대를 위해서 힘든 훈련을 견뎌 낸 뇌성마비 환자에 관한 뉴스 보도, 휠체어 사용자가 운동하는 모습을 보여 주며 "무슨 변명이 필요한가?"와 같은 자막이 달린 영상, 온갖 역경을 딛고 기적적으로 장애를 극복한 인물에 관한 책을 떠올려 보면 지금 무슨 얘기를 하는지 짐작할 것이다.

'영감을 주는 포르노'라는 표현에 어떤 이들은 이렇게 말한다. 장애인의 이야기를 통해서 용기와 자극을 받는 것이 뭐가 문제라는 건가? 그저 좋은 일 아닌가? 글쎄다. 그렇다면 사람들이 왜 그런 이야기에서 영감을 받게 되는지 파고들어 가 보자. 다음은 스텔라 영이 〈TED〉 강연에서 이 문제를 언급한 내용이다.

"우리는 지금까지 장애는 나쁜 것이라는 거짓말에 속아 살아왔습니다. 즉 장애는 '나쁜 것'이고 장애를 가지고 살아간다는 것은 당신을 특별한 존재로 만든다는 이야기죠. 하지만 장애는 나쁜 것도 아니고 장애가 있다는 것이 당신을 특별하게 만드는 것도 아닙니다."

'특별한 존재'로 취급한다는 말은 단적으로 말해 값싼 동정에 불과하다. 그것은 장애가 있는 사람을 우월감을 가진 채 내려다보는 방식일 뿐이다. '우아, 적어도 내 삶은 저 지경은 아니니까. 저 불쌍한 영혼이 저런 조건에서도 살아간다면 내가 못 할 게 뭐가 있겠어.' 같은 생각을 깔고 있다. 그리고 미디어는 이처럼 '영감을 주는' 장애 이야기들을 뉴스, 영화, 책, TV 프로그램으로 만드는 데 이용해 돈을 버는 것이다.

설령 이전까지 '영감을 주는 포르노'라는 개념을 한 번도 생각해 본 적이 없었을지라도 지금 하는 이야기는 익숙하게 다가올 것이다. 장담하건대 누구나 한 번 이상 그것을 마주치거나 읽고 본 적이 있을 것이다. 다른 사람들에게 공유했을 수도 있다. 눈물 콧물을 닦아 내느라 손수건이 필요했을지도 모른다. '영감을 주는 포르노'는 장애인을 향한 편견이다. 그것들은 으레 심금을 울리게끔 편집되어 뭉클한 배경 음악과 함께 나오고, 유명 인사들에 의해 리트윗이 되고, 심야 뉴스의 대미를 장식하곤 한다. 언제 어디서나 쉽게 볼 수 있는 이야기다. 이를 몇 가지 유형으로 분류해 보자.

역경의 극복

의족을 낀 채 트랙 위를 달리는 사람의 사진이나 영상에는 으레 이런 자막이 달리기 마련이다. '더 이상 무슨 변명이 필요한가!' 또는 '게으름이야말로 진정한 장애!' 이런 식으로 '영감을 주는 포르노'의 변형 버전은 셀 수 없이 많다. 사람들에게 동기 부여를 할 셈으로, 또는 그들로 하여금 자기가 가진 능력에 충분히 감사하지 않는 것에 대해서 죄의식을 느끼게끔 의도된 밈들 속에 늘 등장한다. 수동적인 시청자라면 "무엇이든 불가능한 것은 없다."라는 뜻으로 받아들일지도 모른다. 하지만 스텔라 영은 "비행기 계단 앞에서 제아무리 많은 사람이 미소를 보낸다고 해도 그것은 결코 휠체어용 경사로로 바뀌지 않는다."라고 지적한다(TED Talk). 그에 따르면 이는 위장된 논리일 뿐이다. "텔레비전 앞에서 미소를 짓는 것만으로 화면에 청각장애인을 위한 자막이 달리게 만들 수는 없다. 서점 한가운데 서서 아무리 긍정의 태도를 발산하고 있어도 그 모든 책이 장애인용 점자로 바뀌는 일은 없다." 그런데도 많은 사람이 여전히 믿는다. 장애는 내적인 장애물일 뿐이며, 충분히 노력하기만 하면 극복할 수 있다고. 이것은 정확하지 못한 인식이다. 장애인이 겪는 어려움은 더 열심히 노력할 필요가 있다거나 좀 더 긍정적인 태도를 갖는 것과는 아무 상관도 없다. 이는 장애를 개인적인 실패라고 보는 잘못된 믿음에서 나온 그릇된 인식일 뿐이다.

인생의 특별한 순간

보통 결혼식이나 졸업식은 개인적인 행사다. 하지만 거기에 장애 극복의 스토리가 더해진 동영상은 낯선 사람들로부터 수백만 뷰를 보장받을 수 있다. 하반신 마비 장애인이 결혼식 피로연에서 춤을 추기 위해 처음으로 휠체어에서 일어서는 동영상은 눈물샘을 자극한다. 다운증후군을 가진 사람이 고등학교 졸업장을 받는 동영상을 본 사람들은 감동의 눈물을 흘린다. 그 이유는 깊게 뿌리박힌 통념, 즉 장애인은 장애로 인해 '완전한 삶'을 살지 못한다는 편견 때문이다. 물론 '완전한 삶'이라는 개념 자체도 상대적이기에 비장애중심주의자의 입장에서 '정상적인 것'을 판단한, 지나치게 엄격한 개념일 수 있다. 하지만 어떤가. 수많은 장애인이 다양한 삶의 이정표에 도달할 수 있고 실제 도달하고 있다. 그들의 성취가 이토록 거창하고 선정적으로 포장될 필요가 있을지 의문이다.

  나는 이렇게 '영감을 주는 포르노'를 비판할 때마다 장애인과 비장애인 모두로부터 강한 반발을 받아 왔다. 그들은 내가 '인생의 특별한 순간'을 공격하는 거라고, 혹은 남의 성공을 시기하는 게 아니냐고 말한다. 전혀 그렇지 않다. 나는 좋은 일과 큰 성취를 축하하는 것에 아무런 이의도 없다. 다만 여기서 문제는 그 이야기가 장애인이 주인공이 아니었다면 뉴스가 되지 않았을 것이라는 사실이다. 비장애 중심적 사고에 빠진 나머지 장애인의 성취를 두고 '장애가 있는데도 불구하고 이루어 낸' 것이라 생각하는 것이다.

너무 높거나 낮은 기대치

미디어가 장애인을 등장시킬 때 으레 드러나는 흥미로운 모순이 한 가지 있다. 장애인은 매우 높거나 혹은 반대로 매우 낮은 기대를 받고 있다는 것이다. 소셜 미디어를 검색하다가 다음과 같은 제목의 기사를 발견한다. "온갖 장애를 극복하고 산의 정상에 오른 사나이", "꼴찌에게 갈채를—모두를 울린 장애 소녀의 완주" 이 두 개념 사이의 줄다리기는 어딘지 좀 혼란스러운데, 그건 이 둘 가운데 중간은 없는 듯한 느낌을 주기 때문이다. 장애를 극복하고 높은 빌딩을 단숨에 뛰어오르는 모습을 보여 주지 못하면 장애인의 삶은 '모두를 울리는' 비극이고 동정받아 마땅한 것이 되어 버린다. 이는 앞으로 다룰 주제 중 하나로, 두 가지 극단적인 입장은 장애인의 가치에 대한 판단을 뜻하며, 어느 쪽도 장애인이 다른 모든 사람과 마찬가지로 복잡한 존재라는 사실을 인정하지 않고 있다.

미디어는 이를 '초인(superhuman)'과 '하위 인간(subhuman)'이라는 아이디어로 표현하는데 양쪽 모두 장애인에게는 완벽한 '자신감 박탈'의 결과를 초래한다. 언젠가 나의 어머니께서는 세계에서 가장 높은 산을 오르려고 하는 상이용사들에 관한 뉴스를 본 뒤 자신을 하찮고 부족한 존재로 느낀 적이 있다고 했다. 당시 우리는 높은 산을 오르지 못한, 즉 위대한 업적을 이루지 못한 채 그저 뉴스에 등장하는 장애 표현 따위를 문제 삼는 두 명의 '실패자'에 불과한 것은 아닌지 자문했다. 과연 우리 두 사람은 이 사회에서 자신을 증명하기에 충분한 일을 하지 못하고 있는 걸까? 물론 이에 대한 답은 확실한 '아니요'다. 그 누구에게도, 무엇도 증명할 필요가 없다. 우리 또한 다른 모든 사람과 마찬가지로 유능함과 무능함을 모두 가진 인간이며 그 사이에는 겹겹의 복잡한 층위가 존재한다. 장애가 있는지 없는지와 아무런 상관이 없는 채로 말이다.

칭송받아 마땅한 선행

비장애인이면서 장애인에게 친절하게 대하는 이들은 종종 미디어에 의해 마음이 천사 같은 이들로, 성인과도 같은 존재로 묘사되곤 한다. 이런 이야기들은 미디어에서 흔히 찾아볼 수 있는데 특히 홈커밍(homecoming, 미국의 대학이나 중고등학교에서 친목과 단합을 위해 재학생과 졸업생 모두가 함께하는 행사—옮긴이)이나 프롬(prom, 미국의 고등학교에서 졸업식을 앞두고 열리는 파티—옮긴이) 시즌에는 더욱 많이 나온다. "장애 소녀를 홈커밍 퀸으로 만든 십 대들의 훈훈한 스토리", "휠체어를 탄 신부에게 결혼 서약을 하는 신랑" 등의 기사들이 있었다. 이런 이야기들은 클릭을 유도하고 잠시 좋은 느낌을 갖게 할 의도로 만들어진다. 하지만 장애를 완전히 포용하는 세상에 살게 된다면 훨씬 기분 좋은 일이 아닐까? 장애인에게 친절하게 대한 것이 가치 있는 뉴스가 되는 세상보다는, 다른 모든 사람과 마찬가지로 장애인도 존중받는 세상이 되는 쪽이 더 낫지 않을까? 장애가 있는 사람을 사랑하는 것이 대단한 뉴스가 되는 세상이 아니었으면 한다. 실제로 그리 대단한 일이 아니니 말이다. 사실 이는 우리 가족이 늘상 맞닥뜨리는 고정관념이기도 하다. 사람들은 비장애인인 나의 아버지가 휠체어에 앉은 아내와 딸 모두를 돕는 것을 보면서 칭찬 삼아 아버지를 '성자 마르크'라고 부르기도 한다. 하지만 어머니와 내가 아버지를 돕기 위해 하는 모든 것들은 안중에 두지 않고 아버지의 가치를 간병인으로만 보는 것이기도 하다. 물론 나의 아버지는 때로 전형적인 아빠나 남편의 책임을 넘어서는 많은 일을 감당하고 있다. 하지만 그것이 그를 규정하는 전부일 수는 없다. 나의 아버지가 평범하고 때로는 심술쟁이기도 하지만 매우 멋진 남자라는 사실을 뒷받침하는 이유는 백만 가지도 넘는다. 이는 그가 장애 가족을 사랑하거나 돌보는 것과는 전혀 상관없는 일이다.

장애인을 향한 친절이 성스럽고 고귀한 행위라고 확신한 나머지 걸핏하면 카메라를 들이대는 사람들도 있다. 이런 헤드라인은 어떤가. "자폐증 소년과 놀아 주는 어린 소녀, 당신을 눈물짓게 할 것" "장애인 손님에게 음식을 떠먹여 주는 식당 종업원의 자발적인 친절" 무엇보다도 그러한 '친절'의 대상인 장애인의 모습을 동영상으로 찍고 공유하는 것은 대단히 위험한 일이다. 그럼에도 불구하고 생각보다 훨씬 더 빈번하게 이런 일이 일어나며, 대개 장애인의 동의도 구하지 않은 채 그렇게 하기 일쑤다. 여기서 내가 심각하게 생각하는 이슈는 바로 다음과 같은 사회적 통념이다. 첫째, 장애가 있는 사람을 돕는 것은 기록할 가치가 있는 일이라는 생각이고 둘째, 이 사적인 순간은 뉴스 가치가 있는 일이며 특히 친절을 베푸는 비장애인은 착한 사람이며 그의 행동은 선행이라는 생각이다. 이들의 친절을 불쌍한 장애인을 위한 자선 행위로 여기며, 장애인을 친절을 베풀어 줄 누군가가 필요한 딱한 존재로 간주한다. 이러한 순간들이 그저 흥밋거리로서 회자되거나, 비장애인에게 죄책감을 들게 해서 좀 더 친절해지도록 만들기 위해 동원된다면, 그것이 과연 진정한 '친절'일 수 있을까.

진정 변화를 원한다면

'영감을 주는 포르노'라고 부를 만한 것들은 심각한 문제가 있다. 혹자는 그것을 읽거나 보고 나서 즉각적으로 찾아드는 포근한 느낌을 즐기면서 '공유' 버튼을 클릭하고는 하루를 기분 좋게 보낼 것이다. 이것은 자신을 선한 사람으로 포장하는 손쉬운 방법인 동시에 세상의 편견을 더욱 공고히 만드는 행동이다. 미디어에서 장애인을 만나게 되면 덫에 걸리지 말고 잠시 멈추어 자문해 보자. 이것은 장애인을 똑같은 인간으로 바라보는 긍정적인 표현일까, 아니면 그저 장애를 감성팔이에 동원했을 뿐일까? 또는 장애가 있는 누군가가 실제로 감동적인 일을 했기 때문에 감동받는 걸까, 아니면 혹시 비장애 중심적인 생각에서 비롯된 느낌일까? 답이 후자인 경우라면 클릭을 자제하자. 아예 공유하지 않거나, 혹은 공유한다고 하더라도 비판적인 시각을 일깨우기 위해서 그렇게 하자. 이렇게 태도를 바꾸고 실질적인 변화를 만들어 낼 수 있는 작은 첫걸음을 떼기로 하자.

연민의 포르노

'영감을 주는 것'과 '비극적인 것'은 상반되는 것처럼 보인다. 그러나 장애를 비극으로 보는 발상은 '영감을 주는 포르노'와 같은 뿌리에서 나온 것으로 어쩌면 그것을 '연민의 포르노'라고 부를 수도 있을 것 같다.

신체적 장애의 비극

미디어에서 장애를 끔찍한 비극으로 묘사하는 경우는 너무나 흔하다. 장애는 장애 당사자뿐만 아니라 비장애인인 그 가족들에게까지 닥친 최악의 운명으로 묘사되곤 한다. 혹시 '노동절 텔레톤(Labor Day Telethon, 미국에서 노동절마다 텔레비전 방송을 통해 장시간 진행된 모금 방송—옮긴이)'을 기억하는 독자가 있을지 모르겠는데, 코미디언 제리 루이스(Jerry Lewis)가 주관했던 미국근위축증협회(Muscular Dystrophy Association, MDA)의 노동절 텔레톤은 장애를 비극으로 묘사한 가장 뚜렷한 사례라고 할 수 있다. 1966년부터 2010년까지 루이스는 시청자의 심금을 울려 지갑을 열게끔 하는 일을 사업화하고 자금을 모아들였다. 텔레톤에 출연한 근위축증 아동들은 '제리의 아이들'로 불렸다. 루이스는 그 아이들을 가엾고 불쌍한 자선 대상으로 묘사했을 뿐만 아니라 직접 작성한 기사에서는 '반쪽 인간'이라는 표현까지 썼다. (많은 논란과 비장애 중심적인 역사, 그리고 장애 활동가들의 격렬한 반대에도 불구하고 텔레톤은 2020년까지도 방영되었다.)

장애를 비극으로 바라보는 가장 보편적인 사고방식은, 어떤 아기가 장애를 가지고 태어났다는 사실을 알았을 때, 또는 어떤 사람이 영구적인 부상을 당하거나 장애 진단을 받았다는 소식을 들었을 때 보이는 반응일 것이다. 다시 말해 장애는 그것을 경험하는 사람과 장애인의 삶에 관여하는 사람 모두에게 '나쁜 일'로 취급된다. 많은 영화와 텔레비전 프로그램에서 장애의 '비극'은 비장애인 캐릭터의 성장에 관여하는 '플롯 포인트(plot point)'로 사용되곤 한다. 잘 알려진 작품인 찰스 디킨스(Charles Dickens)의 『크리스마스 캐롤(Christmas Carol)』에서 '가련한 팀(Tiny Tim, 주인공 스크루지 노인의 가게에서 일하는 점원인 밥 크래칫의

아들로, 걷지 못하는 신체장애를 갖고 있음―옮긴이) 캐릭터가 있다. 이 사랑스럽고도 애처로운, 병약한 소년의 처지는 마침내 주인공 스크루지에게 인정머리 없는 구두쇠가 되어서는 안 된다는 교훈을 일깨운다. 이 이야기는 사람들의 마음을 따뜻하게 하려는 것이겠지만 나는 오히려 썰렁함을 느낀다.

'가련한 팀'과 비극적인 장애인이라는 고정관념은 여전히 건재하다. 디킨스의 소설이 출판된 지 어언 200년이 지났는데도 작가와 미디어 종사자들은 똑같은 가락을 여전히 읊조리는 중이다. 최근 사례 중 가장 최악인 것은 조조 모예스(Jojo Moyes)의 베스트셀러로 북클럽에서 최고 인기이자 소녀들의 한밤중 눈물짜기용 영화로도 만들어진 소설 『미 비포 유(Me Before You)』이다. 작가는 성공적이고 행복한 비장애인이었던 남자 주인공 윌을, 사고로 인해 하반신 마비가 되고부터 자신의 삶은 그저 비참할 뿐이라고 믿는 사람으로 그려 낸다. 그를 보살피는 여성과 사랑하는 사이가 되고서도 윌은 자신이 다른 이들에게 짐이 될 뿐이라는 생각에만 사로잡혀 있다. 결국 윌의 선택은 스스로 목숨을 끊는 것이었다. 장애가 있는 남자로서의 삶에 적응하는 것이 아니고 말이다. 그렇다면 이 이야기의 메시지는 무엇일까? 장애는 죽음보다 훨씬 더 나쁜 운명이라는 것이다. 안타깝게도 이 책과 영화의 수백만 팬들은 그렇게 보지는 않은 것 같다. 사랑하는 여인이 자기 때문에 어두운 미래에 갇히게 될까 봐 스스로 죽음을 선택하는 윌의 행동을 숭고한 사랑으로 보았고, 장애를 이용한 비극적인 플롯 운운하며 비판하는 나 같은 사람들을 신랄한 냉소주의자라고 여긴다. 하지만 나는 냉소주의자가 아니다. 그저 장애인의 삶도 가치 있는 것이라는 평범한 신념의 소유자일 뿐이다.

정신질환에 오명 씌우기

신체장애나 지적장애도 그렇지만 정신질환에 대한 미디어의 묘사 역시 정말 문제가 많다. 때로 통탄스러울 지경이다. 정신질환을 가진 작가 S. E. 스미스(smith)는 〈Disability in Kidlit(아동·청소년 문학 속에 묘사된 장애)〉에서 다음과 같이 쓰고 있다.

> 정신질환은 종종 상투적이고 해로운 방식으로 다루어집니다. 이는 미디어 생산자가 자신이 묘사하는 커뮤니티의 생활 경험에 관해 충분히 연구하거나 학습하지 않았다는 것, 그리고 우리 문화 내에서 이미 취약 계층인 정신질환자를 묘사하는 것에 당연히 수반되는 무거운 책임을 충분히 고려하지 않았다는 사실을 드러냅니다.

'한 유명 연예인의 믿기 힘든 정신적 붕괴' 이런 제목을 달고 나온 신문 기사 한 편이 불러일으키는 파장을 생각해 보라. 우리 문화는 사람들을 부추기고 있다. 타인을 그저 팝콘을 입에 던져 넣으며 멍하니 바라볼 구경거리쯤으로 취급하면서 그들이 겪을 고통은 외면하도록 말이다. 미디어가 가수 브리트니 스피어스(Britney Spears, 1990년대 후반에서 2000년대 초반까지 세계적으로 인기를 끈 미국의 팝 여가수이지만 사생활 문제로 언론의 집중적 조명과 비난을 받아 왔음—옮긴이)를 다뤄 온 방식이 바로 그랬다. 그녀의 정신건강 상태는 가수로서의 커리어 내내 다양한 밈으로 만들어져 조롱거리가 되었고 악랄하게 퍼뜨려져 누구나 제멋대로 들여다보고 판단하곤 했다. 우리는 특히 정신질환과 관련해서는 자신의 즐거움을 위해 너무 쉽게 '인간성'을 망각해 버린다.

정신질환은 가벼운 가십거리를 넘어서 위험하고 무서운 것으로 묘사되기 일쑤이다. 대규모 폭력 사건을 보도할 때 미디어는 가해자에 대해서 '정신병자', '미치광이', '제정신이 아닌' 등의 표현을 빈번히 사용한다. 하지만 폭력과 정신질환과의 관련성은 대부분 해로운 오해와 편견에 불과하며 이 사실은 여러 연구에서 밝혀진 바 있다. 오히려 이런 연구를 통해 정신질환을 가진 사람은 폭력 범죄의 가해자가 아니라 피해자가 될 확률이 훨씬 높다는 사실이 알려졌다. 정신질환을 희생양으로 삼는 경향은 그야말로 비장애 중심적인 것으로, 대규모 폭력 사건을 방지하기 위한 논의를 엉뚱한 방향으로 탈선시킬 위험이 있다.

괴물과 비정상

우리는 자의적 개념에 불과한 '정상성'의 범주 바깥의 사람들, 즉 외모, 말투, 의사소통, 행동이 다른 사람을 구경거리로 삼고 돈벌이를 위해 미화하고 조롱하는 사회에서 살고 있다. 별로 해로울 것 없는 오락이나 유희로 보일 수도 있지만, '다르게 보이는 사람'을 대상화하는 이런 행위는 본래 뿌리 깊은 역사적 내력이 있다. 바로 장애인을 괴물로 간주하던 관행이다. 레너드 카수토(Leonard Cassuto)가 저서 『Keywords for Disability Studies(장애 연구의 키워드)』에서 설명하듯이 "기록된 역사 이래로 어떤 사람의 외견상의 '다름'은, 살아 있거나 죽은 인간 혹은 유산한 아기까지 종종 당사자의 의사와 관계없이 격리되고 분류되어 극적으로 전시되곤 했다." 이는 앞에서 언급했듯 돈벌이를 위한 책략으로서 대중을 끌어모아 '괴물들'을 직접 조롱하도록 하는 '괴물 쇼'의 일환이었다. 현대의 괴물 쇼를 보고 싶다면 그저 텔레비전을 켜거나 소셜 미디어를 들여다보면 된다. 실화 논픽션물인 〈메디컬 미스터리(medical mystery)〉 시리즈 혹은 허구의 드라마 〈그레이 아나토미(Grey's Anatomy)〉를 떠올려 보자. 이런 프로그램들은 복잡한 의학적 진단명을 받은 사람들의 이야기를 드라마틱하게 그려 내며 종종 신체적인 '다름'을 부각하곤 한다.

프로그램 제작자들은 다수의 시청자가 원하는 것이 무엇인지를 잘 알고 있다. 즉, '더 괴상할수록 더 좋은 것'이다. 이런 종류의 프로그램은 간혹 교육적인 경우도 있지만 보통은 이 사회의 '다른 몸'과 '다른 정신'에 대한 병적인 호기심에 의존한다. 안타깝게도 이와 같은 프로그램들은 편견을 강화할 뿐만 아니라 호기심을 잔인함으로 빠르게 비화시키는 통로로 작용한다. 비장애인에게는 금요일 밤에 몰아서 볼 만한 재미있는 콘텐츠겠지만, 실제로 장애가 있는 사람은 이로 인해 피해를 본다. 여기서 파생된 고정관념이나 편견이 현실 세계에서의 상호 작용으로도 옮겨갈 수 있기 때문이다.

활발한 작품 활동 중인 작가 멜리사 블레이크(Melissa Blake)는 프리먼 셀돈 증후군(Freeman-Sheldon syndrome)이라고 불리는 유전적 신체장애가 있는 장애 권익 활동가이기도 하다. 그는 이런 점에 관해서 아주 소상히 알고 있는 사람이다. "내가 이렇게 장애를 공공연히 드러낸 덕분에 인간의 심술궂은 면모를 정말 자주 목격한답니다. 사람들이 내 외모를 조롱하는 일을 헤아릴 수 없이 겪어 왔지요. 악플러들은 내가 쓴 글에 대해서는 아무런 비평도 하지 않으면서 그저 나의 생김새를 모욕하려고 나서요. 우리는 외모 중심적인 사회에서 살기 때문에 만일 그들이 생각하는 '어떤 방식'으로 보이지 않는다면 일제히 벌떼처럼 달려드는 거죠." 하지만 한 인간으로서 정말 멋진 그녀는 자신의 장애를 긍정적으로 표현하며 세상에 맞서고 있다. "그들의 말은 상처를 주기도 하지만 또한 저를 자극하기도 해요. 좀 더 나서라고, 좀 더 목소리를 내야겠다고요. 맞아요. 그리고 기회가 있을 때마다 제 얼굴(안녕하세요, 셀카!)을 보여 줘야겠다는 생각도 들었습니다. 물론 이런다고 모든 사람의 관점을 바꿀 수는 없을지 몰라요. 하지만 저는 장애인이 여기 있고 우리는 아무 데도 가지 않는다는 것을 세상에 보여 주기로 결심했습니다!"

장애인의 사랑과 성

'아마 안 될걸? 원치도 않을 거야. 해서는 안 돼.' 장애인이 사랑을 하고 성관계를 가지는 것에 대해서 많은 사람이 이렇게 생각한다. 사실 장애와 연애, 성은 너무 상반된 것으로 생각되고, 대부분의 주류 미디어에서는 약간의 암시조차 피하려 든다. 미디어든 의학이든 장애인의 성에 관한 정보나 표현은 부족할 뿐만 아니라 잘못된 것들로 넘쳐난다. 장애인은 아이나 다름없다거나 깨지기 쉬운 약한 존재라는 생각, 욕망의 대상이 되기에는 너무 비호감이라거나 손상된 물건과도 같다는 생각, 성적으로 능동적이거나 성적인 존재가 되기에는 부적합하다는 생각으로 그려진다. 장애인의 성은 오직 괴상하고 금기시된 방식으로만 가능할 거라고 멋대로 짐작한다. 실제로 인터넷에는 장애인을 특별한 성적 대상으로 취급하여 적극적으로 관심을 표현하는 '특별한 애호가' 커뮤니티도 있다. 하지만 이에 대한 이야기는 다른 기회로 미뤄 두자. 어쨌든 나는 장애인이 섹시하거나 성적인 존재일 수 없다는 생각을 깨뜨리고 싶다. 장애인 역시 성적 기호와 정체성의 스펙트럼에서 비장애인과 다르지 않으며 건강하고 적극적인 성생활을 영위할 수 있다. (내 남자친구는 이 부분에 대해서 뚜렷이 증언할 의사가 있다고 밝히고 있다.) 장애인 또한 일반인과 마찬가지로 시스젠더, 이성애자, 레즈비언, 게이, 양성애자, 트랜스젠더, 퀴어, 인터섹스 또는 무성애자로 자신을 정의한다. 성에 전혀 관심이 없는 사람, 성욕이 높은 사람, 색다른 성행위에 관심이 있는 사람, 그렇지 않은 사람 등 장애인도 다른 모든 사람과 마찬가지로 로맨스와 성적인 측면에 있어서 다양성을 가지고 있다.

　이따금 미디어에서 장애인의 성적 매력을 강조하는 경우도 있지만, 미디어가 통상 성적 묘사에 얼마나 과감한지 생각해 보면 이런 긍정적 묘사는 매우 드물다고 봐야 한다. 속옷 광고나 향수 광고에 등장하는 장애인을 본 적이 있는가? 미묘한 암시를 띤 스토리라인에서는? 섹시하고 뜨거운 성적 장면에서는? 분명 흔히 볼 수 있는 일은 아니다. 성애화나 성적 대상화는 본래 문제가 되는 사안이지만, 장애인은 성적 존재가 될 수 있다는 최소한의 인정이라도 받으려면 이런 문제적 요구라도 해야 할 형편이다.

　현재 우리 사회는 장애인의 사랑과 성을 삶의 일부가 아니라 그저 호기심을 자극하는 흥밋거리 정도로 여기는 단계에 머물러 있다. 예를 들어 넷플릭스의 〈러브 온 더 스펙트럼(Love on the Spectrum〉)은 자폐스펙트럼 장애인들의 로맨틱한 삶을 엿보게 해 주는 프로그램이다. 많은 시청자들은 자폐스펙트럼 장애인들이 인간관계를 탐색하는 모습을 보며 뭉클한 감동을 느끼고 열광했다. 하지만 정작 자폐스펙트럼 장애인들은 그다지 열광하지 않았다. 자폐스펙트럼 장애가 있는 변호사이자 장애 활동가인 헤일리 모스(Haley Moss)에게 그 이유를 묻자 이렇게 답했다. "그 프로그램의 문제는 자폐인을 이른바 '정상인neurotypical'의 시선에서만 바라본다는 거예요. 사람들이 '자폐스펙트럼 장애인은 이럴 것'이라고 짐작하고 믿고 싶어 하는 그대로 말이죠. 사실 우리도 다른 사람들과 똑같은 인간이고 이 프로그램도 이 점을 포착하려고 했던 것 같아요. 하지만 인간으로서 우리가 가진 진짜 면모의 많은 부분은 무시해 버렸어요." 이것은 미디어가 장애에 관해 다룰 때 늘 저지르는 오류이다. 장애인은 존재 그 자체로 '이상한' 것으로 그려지며, '정상'의 틀에 맞추라는 압박이 가해진다. 그러면 이런 상황을 어떻게 달라지게 할 수 있을까? 〈코스모폴리탄〉 영국판의 한 기사에서 자폐스펙트럼 장애인인 마리안 엘로이스는 이렇게 말한다. "〈러브 온 더 스펙트럼〉이 보여 준 것은 무엇보다 우리 자신의 이야기를 스스로 할 수 있는 기회가 필요하다는 사실입니다. 구경거리나 성적 대상에 머물지 않고 장애인들이 직접 자기 자신의 이야기를 전달할 수 있어야 해요."

긍정적인 묘사

앞에서 장애에 대한 부정적 묘사에 대해 많이 언급했는데, 이제부터는 긍정적 묘사에 대해서 이야기할 예정이니 안심하기 바란다. 좋은 장애 표현 역시 많은데 이들을 잘 알아보려면 큼지막한 힌트가 필요하다. 그건 바로 진실성, 진짜 이야기여야 한다는 것이다. 장애인에 대해 그리고 장애라는 경험에 대해 가장 잘 아는 것은 바로 장애인 자신이다. 우리는 이를 바탕으로 실제와 상상의 이야기에 생동감과 진실성을 불어넣을 수 있다. 우리는 항상 여기에 있었으며 우리를 표현해 왔지만, 대부분의 경우 비장애인인 결정권자의 판단에 따라 주류 문화에서 소외되어 온 것이다. 그러나 지금 주류 사회는 조금씩 장애인을 받아들이기 시작했다. 다양한 장애 유형을 가진 사람들의 실제 경험이 천천히 문화의 중심부로 이동하고 있다. 장애인 커뮤니티의 폭넓은 다양성과 깊이를 제대로 표현하기에는 아직 갈 길이 멀지만 이는 분명히 올바른 방향이다.

기억하자. 미디어는 장애를 표현하는 데 긍정적인 측면과 부정적인 측면이 동시에 공존하는 혼합물이다. 장애인을 '특별한 필요'를 가진 사람으로 언급하는 이야기가 접근성이나 비장애중심주의에 관해 타당한 주장을 펼쳐 내기도 하는 것이다. '영감을 주는 포르노'의 스토리로 만들어진 영화가 현실의 장애 경험을 제대로 포착하여 담아 내기도 한다. 작은 승리들은 무엇이든 소중하다.

커다란 승리도 많다. 나는 라이언 오코넬(Ryan O'Connell)이 쓰고 주연한 넷플릭스 시리즈 〈스페셜(Special)〉과 같은 TV 프로그램을 보면 신체장애를 제대로 이해하고 만든 느낌을 받는다. 주인공은 뇌성마비를 가진 사람이다. 장애인의 몸으로 삶을 이끌어 가는 그를 바라볼 때 마치 상쾌한 공기를 호흡하는 듯한 친밀감마저 느낄 수 있다. 그리고 비장애인에게는 이런 프로그램이 장애를 인간의 경험 일부로 이해하기 위한 일종의 진입 포인트이다.

광고에서 휠체어를 탄 사람을 보고 그 사람이 실제 휠체어 사용자라는 사실을 알았을 때 내 기쁨은 더욱 커진다. 나만 그런 것이 아니다. 미용실 체인인 '울트라뷰티(Ulta Beauty)'의 광고 모델로 휠체어 사용자인 스테프 아이엘로가 나왔을 때의 일이다. 당시 이 광고 포스터를 깜짝 놀라며 올려다보는 어린 휠체어 사용자 소녀의 사진이 소셜 미디어에서 널리 퍼졌다. 내가 어렸을 때 그런 경험을 했더라면 얼마나 좋았을까.

장애인 모델이 당당히 런웨이를 활보하는 것을 지켜보는 것도 정말 좋아한다. 아론 필립을 본 적이 있는지? 그녀는 뇌성마비 장애인이자 흑인 트랜스젠더 모델로, 〈도브(Dove)〉와 〈세포라(Sephora)〉와 같은 주요 브랜드와 협업한 바 있다. 매들린 스튜

어트는 다운 증후군 모델로, 뉴욕에서부터 파리까지 패션 위크 런웨이에서 활약해 왔다. 질리안 메르카도는 근위축증을 갖고 있는 라틴계 모델로, 비욘세의 상품 라인에 모델로 활동했다! 그리고 청각장애인 권익 운동가이자 배우로 정말 멋지고 섹시한 나일 디마르코는 2015년 '미국 차세대 탑모델'에서 우승한 인물이다. 모델업계에서 지배적으로 수용되는 '전통적인' 매력이란 것이 있고 이는 장애인 모델에게도 똑같이 적용된다. 하지만 이 모든 점진적인 발전들은 정말 반갑고 중요한 일이다. 비장애인이 장애인인 척 상상하여 연기하기보다는 장애인 자신이 미디어 산업의 모든 부분에서 확고히 자리를 차지하는 세상을 목표로 해보자. 그래서 장애에 관한 이야기가 장애인에 의해 전달되는 의미 있는 세상을 만들자. 비장애인인 유명 영화배우가 장애인 연기를 하는 편이 영화 티켓 판매에는 유리할 것이다. 하지만 실제 장애인이 장애에 관한 미디어 콘텐츠에 직접 참여할 수 있도록 하는 것이 훨씬 위력적이다. 사지장애(limb difference, 팔이나 다리의 형태, 크기, 기능 등에 차이가 있는 장애—옮긴이)가 있는 배우 엔젤 쥬프리아(Angel Giuffria)는 이렇게 말했다. "미디어가 인간을 그려 내는 데 있어서 장애인과 비장애인 간에는 엄청난 차이가 있습니다. 시청자가 장애인의 평소 삶에 대한 정확하고 진실한 묘사를 볼 수가 없다는 것은 시청자에게 진정한 불이익을 끼치고 있는 거예요." 그녀는 미디어가 모든 종류의 사람을 온전하게 묘사해 내는 날이 오기를 희망하고 있다. "그렇게 되면 우리는 더 이상 누가 누구를 혹은 무엇을 연기하는지 걱정할 필요가 없을 거예요. 왜냐하면 그건 진실하고 진짜일 테니까요. 하지만 지금 당장은 그렇지 못하죠. 그런 시점에 도달할 때까지는 계속 노력해야 해요. 장애인 연기자가 장애인 역할을 맡을 수 있도록 말이에요."

스크린이나 연극 무대에는 장애인 연기자가 연기하는 더 많은 장애인 캐릭터가 필요하다. 장애인 캐릭터가 등장하는 더 많은 책을 장애인 작가가 쓰고, 장애인 캐릭터가 등장하는 광고에 더 많은 장애인이 모델로 등장하기를 바란다. 장애에 대한 표현과 서술이 더 많이, 더 정확하게 이루어지기를.

뇌성마비 장애인인 배우 라이언 J. 해다드(Ryan J. Haddad)는 인터뷰에서 이 말에 동의하며 내게 말했다.

"장애인으로 실제 살아 본 경험은 장애가 대체 무엇인가에 관한 어떤 연구보다 우선적입니다. 우리는 장애인이 아닌 작가, 장애인이 아닌 감독, 장애인이 아닌 프로듀서가 전달할 수 없는 장애인의 삶에 대해 그것을 직접 경험하고 살아 낸 사람으로서의 관점을 가지고 있습니다. 캐릭터가 장애인이고 나도 장애인이라면 나는 그 캐릭터의 말과 행동을 어떻게 사실처럼 표현할까에 관해서만 생각하면 됩니다. 나는 장애인의 허울을 뒤집어쓸 필요가 없습니다. 나 자신이 장애인이니까요. 비장애인인 배우와 장애인 캐릭터 사이에는 뚫을 수 없는 장벽이 있습니다. 하지만 헐리우드는 당신이 다르게 생각하게끔 했어요. 비장애인 연기자가 장애를 훌륭하게 묘사하고 그 모든 것을 동시에 잘 해낼 수 있다는 이유만으로 상을 주는 거죠."

그렇다. 사람들은 비장애인이 장애의 환상을 만들어 내는 것을 보면서 감탄하고 열광하지만, 그것은 진정한 수용이 아니다. 그것은 그저 더 많은 티켓을 팔기 위한 수단일 뿐이다. 이상적인 미디어 지형이라면 장애인에 의한 장애 표현이 예외가 아니라 원칙이자 당연한 일이 될 것이다. 또한 장애인이 장애에 초점을 둔 미디어에만 출연하도록 제한되지도 않을 것이다.

"우리는 모든 역할에 더 적극적으로 장애인 배우를 통합해야 하며, 캐스팅의 매개 변수를 확장하여 장애인 배우에게 장애와 관련된 역할을 넘어 다양한 역할에 오디션을 볼 기회를 주어야 합니다." 배우 쥬프리아가 강조하는 말이다. 이것이야말로 긍정적이고 진실한 장애 표현의 정점이지 않을까. 인간성 일부로서의 장애를 있는 그대로 반영하고 축하하는 그런 미디어에 둘러싸인다는 것 말이다.

맺으며

여기까지 함께해 주어서 정말 기쁘다. 하지만 배움의 도정은 아직도 끝나지 않았다. 이 책의 끝에 도달했다는 사실만으로 장애에 관한 전문가가 될 수는 없다. 물론 나는 책 속에서 다른 많은 사람의 견해를 동원했지만, 그럼에도 불구하고 결국 이 책은 나라는 한 여성의 장애에 관한 이해일 뿐이다. 수없이 다양한 인간 경험을 완벽히 이해할 수는 없다. 앞으로도 계속 배워 나가야 하고 의미 있는 행동을 취하는 것, 즉 '연대(ally)'를 맺음으로써 배운 것을 현실에 적용할 수 있다.

'연대'는 어떤 소외된 집단을 지지하고 함께하고자 하는 좋은 의도를 가진 사람 사이에서 쓰는 말의 하나다. 중요한 의미인 건 맞지만 이 말이 공식적인 명칭이나 직함이 아니라는 사실 또한 중요하다. 단순히 "나는 어떤 집단과 연대합니다."라고 말하는 것만으로는 부족하다. 사실상 연대라는 용어는 '말보다 (행동으로) 보여 주기'에 해당하는 사안이다. 그러면 어떻게 연대라는 걸 보여 줄 수 있을까?

첫째로, 장애인과의 연대를 원하는 이유나 동기에 대해 한번 돌아보자. 장애가 있는 사람에게 동정심을 느꼈기 때문인가? 이 책을 읽고 난 지금도 만약 그렇게 느끼고 있다면 그것이 잘못된 생각임을 인식하기 바란다. 혹시 장애인들은 누리지 못하고 있는 비장애인으로서의 특권에 대해 죄책감을 느끼고 그것을 만회하고 싶은 마음일까? 미안하지만 그것은 연대 의식이라

기보다는 자신의 이익에 더 가까운 동기다. 혹은 장애인을 돕고 싶은 이타적 마음인가? 옳은 방향이긴 하지만 잠시 멈춰 생각해 보자.

자폐스펙트럼 권익 활동가인 레이머 맥코이 맥디드(Reyma McCoy McDeid)와 연대의 의미에 관해 깊이 있는 얘기를 나눴을 때, 그는 날카로운 질문을 던졌다. "특정한 공동체에 속하지는 않으면서도 그 공동체를 '돕고' 싶다면, 왜 '도움'이라는 단어를 그 공동체와 연결하는 건가요? 이것이야말로 그 공동체에 접근하기 전에 깊이 생각해 봐야 할 문제입니다."

정말 좋은 질문이다. 추측해 보자면, 이것은 장애와 연관된 대표적인 두 가지 고정관념, 즉 '무력함'과 '도움이 필요하다'는 생각과 밀접한 관련이 있다. 연대를 맺는 첫 번째 단계는 바로 이 오해를 깨뜨리고, 장애인이 도움이 필요한 대상이 아니라는 것을 인식하는 것이다. 장애인이 바라는 것은 그저 동등한 인간으로서 권리를 존중받는 세상이다.

맥코이 맥디드는 '연대'의 표준적인 정의를 넘어서는 경우에만 변화가 가능하다고 강조한다. "연대가 된다는 것은 시스템 내에서 소외된 사람들이 최대한 자신의 삶을 누릴 수 있게 돕는 일입니다. 소외된 사람들과 어깨를 나란히 하여 시스템에 맞서고 그에 따라 시스템을 변화시키는 데 기여하는 것은 '공모(accomplice)'가 되겠지요." 본래 의미대로라면 '공모'는 그릇된 행위를 저지르는 것과 관련되지만 여기서는 기존 상태에 맞서 바람직한 변화를 위해 헌신하는 것을 뜻한다.

연대를 맺는 것이든 공모하는 것이든 어떻게 불러도 관계없다. 중요한 것은 변화를 일으키는 데 일조할 수 있다는 점이다. 여기 그 방법이 있다.

연대는 목표가 아닌 여정이다

나는 결과에 연연하지 않고 연대 과정 자체를 인정하는 것이 연대를 강화하는 데 도움이 된다고 생각한다. 예를 들어 자신이 많이 쓰는 어휘 목록에서 비장애 중심적인 것들을 없애고 다른 사람들도 그런 단어를 쓰지 않아야 하는 이유를 알 수 있게 돕기로 작정했다고 하자. (참으로 훌륭한 목표다!) 어떤 날은 그런 단어가 튀어나오지 않게 자신을 제어할 수 있고, 어떤 날은 무심코 그런 단어를 쓰고, 다른 사람이 그런 말을 해도 알아차리지 못할 수 있다. 또한 어떤 날은 그런 단어나 말을 듣자마자 곧바로 알아차릴 수 있다. 자신이나 다른 사람이 잘못된 말과 생각을 하지 않도록 바로잡는 것은 중요하지만 그것으로 끝나서는 안 된다. 즉 "오늘 난 좋은 연대자였어."라는 자축만으로 이어질 행동 모두를 제어할 수는 없다는 뜻이다. 비장애 중심적인 단어는 사회의 어휘와 사고방식에 깊이 뿌리박혀 있기 때문에 그것들을 피해 자연스럽게 대체어를 사용하기까지 지속적인 노력이 필요하다. 기억하라, 연대가 되는 것은 과정의 지속이어야 한다.

장애인을 빼고 장애에 대해 결정하지 말라

장애인 커뮤니티에서는 "우리를 빼고 우리에 대해 결정하지 말라(Nothing about Us without Us)"라는 슬로건을 사용하여 장애인 스스로 자기 삶의 모든 측면을 책임져야 한다는 사실을 강조한다. 장애인은 자신에게 직접 영향을 미치는 문제에 관한 논의에서 배제되는 경우가 너무나 많다. 개인적인 상황부터 주요 정책 결정까지 모든 것에 이르기까지 말이다. 이는 장애인 스스로 소통하고 자신을 옹호할 수 없을 거라는 가정에서 나온 것이겠지만, 어쩌면 그 이상일 수도 있다. 장애인이 각자의 생각, 견해, 의견을 가진 인간이라는 사실을 생각하지 못하는 사람들은 너무나 많다. 기자는 장애인과 직접 이야기하는 대신 부모나 소위 전문가를 인터뷰한다. 의사와 교사는 장애인 대신 보호자와 이야기하고, 정책 입안자들은 장애인에게 자문받지 않고 비장애인 '전문가'에게 조언을 구한다. 대체로 이런 식이다. 하지만, 언제나 그렇듯이, 모든 장애인은 자신의 삶에 관한 전문가이다. 그러니 장애인을 대신해 장애에 관해서 이야기하지 말라. 장애인을 무시하고 지나치지 말고 장애인과 직접, 더불어 이야기해 주길 바란다.

  같은 맥락에서 장애인 커뮤니티를 옹호한다고 자처하는 비장애인들도 꽤 많다. 물론 옹호의 힘이 큰 것은 인정하지만 절대적으로 중요한 것은 장애인이 어떠한 활동에서든 주도적으로 나설 수 있어야 한다는 점이다. 장애인을 대신해서가 아니라 장애인 곁에 함께 서 있어 주기를. 장애인 앞에 나서지 말고 함께 나란히 앉거나 서 있어 주기를.

마이크를 넘겨 주기

만약 특권을 가진 위치에 있다면 그 위치를 활용하여 목소리를 키우기보다 그 논의에서 제외된 관점이 누구의 것인지 자문해 보기 바란다. 그런 다음 논의의 중심이 되어야 할 사람들의 관점을 강조하고 그들에게 볼륨을 높인 마이크를 건네 주자. 이 말은 늘 그저 가만히 듣고만 있으라는 뜻이 아니다. 듣는 것은 언제나 논의에서 중요한 부분이지만 종종 장애인의 목소리를 완전히 무시하려 드는 사람들을 적극적으로 바로잡을 수도 있어야 한다. 장애인의 메시지를 알릴 수 있는 기회와 공간, 플랫폼의 확보를 존중하고 보장하는 일 또한 중요하다.

비장애인만이 마이크를 건네는 것은 아니다. 장애인 역시 마찬가지다. 장애인 모두가 어떤 식으로 소외당하고 있는지, 또 어떤 식으로 특권적 지위를 누리고 있는지 인식해야 하고, 언제 앞으로 나서고 물러설지를 알아야 한다. 인상적인 작품들을 통해 '장애 정의', '교차성', 그리고 '활동가들을 위한 자기 돌봄'의 문제에 집중하고 있는 저자이자 예술가인 나오미 오르티스(Naomi Ortiz)에게, 마이크를 건네는 일에 대해 우리가 알아야 할 것이 무엇이냐고 물었다. 그의 대답이다.

"그 일은 일회성이 아닙니다. 관계를 구축하고 함께 배우며, 다른 이들의 목소리를 잠재우지 않고 의견을 나누는 일련의 선택입니다. 서로의 차이를 존중할 수 있는 능력, 정돈되지 않은 서로의 입장에 대해 있는 그대로 인정해 줄 수 있는 능력을 키우는 것이 중요합니다."

반나절의 모의 체험으로
장애를 이해하려 들지는 마시길

많은 학교, 기업, 단체에서 비장애인 참가자들이 장애를 체험할 수 있는 장애 인식 및 공감 훈련 이벤트를 주최하곤 한다. 청각 상실을 이해하기 위해 귀마개를 착용하거나 시력 상실을 이해하기 위해 눈가리개를 쓰도록 요청하고, 휠체어를 밀거나 목발을 사용하여 걷게 한다. 흔히 사람은 경험을 통해 배운다고들 하지만 나는 분명히 말할 수 있다. 장애인의 경험을 이해하는 데 있어 이런 접근 방법은 결코 도움이 되지 않는다. 단순한 모의 체험으로 한 사람의 생애 전체를 가로지르는 경험과 정체성을 이해하기란 불가능하다. 게다가 이러한 모의 체험은 비장애인에게 장애에 대한 두려움과 동정심을 불러일으켜 애초의 의도와 상반되는 결과를 낳곤 한다.

     대학 시절 기숙사에서 조교가 장애 인식 행사를 위해 내 휠체어를 빌릴 수 있는지 물어본 적이 있다. 그녀는 기숙사 휴게실에 장애물 코스를 설치해 놓을 거라고 했다. 이때의 기억을 도저히 잊을 수가 없다. 행사가 진행될 동안 나는 무엇을 했을까? 그녀를 비롯한 기숙사의 다른 사람들이 내 값비싼 이동 수단을 장난감처럼 다루며 장애물 코스를 '체험'하는 동안 방에 갇혀 그 모습을 지켜보게 되지 않았을까? 휠체어를 타는 삶도 당연히 괜찮을 때가 있다. 그러니 불필요한 오해는 삼가 주길 바란다. 다만 이것은 게임이 아니라는 것이다. 조교의 말을 들었을 때 나는 인간으로서 가치를 무시당한 느낌을 받았다. 그녀는 장애 경험에 관해서 내가 사람들에게 이야기할 기회나 비장애인에게 장애에 관해 진지하게 배울 기회를 주는 것에는 관심이 없었다. 그저 사람들이 잠시 재미있게 나를 흉내 내어 보도록 한 것이 전부였다. 말할 필요도 없이 나는 조교의 요청을 딱 잘라 거절했다.

그러면 장애를 체험하지 않고 장애를 배울 방법이 있을까? 그렇다. 장애를 시험 삼아 체험하기보다는 장애인의 말과 작업에 대해 적극적으로 찾아보길 부탁한다. 책을 읽고, 다큐멘터리를 보고, 팟캐스트를 듣고, 이따금 장애인을 초청해서 직접 이야기를 듣길 바란다. 장애인과 열린 대화, 솔직한 대화를 나누되 장애인을 다 이해하는 척 가장하진 않았으면 한다.

인정하기, 그리고 정당히 보상하기

지금까지 장애인들이 해 온 많은 일은 당연하게 요구할 만한 것들이 아니었다. 그들의 공로에 대해서는 마땅히 인정하고 보상해 주어야 맞다. 많은 장애인이 주위 사람들에게 자기 경험을 공유하고 교육하는 데 시간을 투자하고 있다. 이를 통해 사회적 진전을 이루고 인식을 바꿀 수 있다는 점에서 보면 분명 보람 있는 일이다. 하지만 차별적인 태도와 비장애중심주의가 만연한 사회에서 개인의 고통스러운 경험을 교훈과 가르침으로 바꾸어 내는 작업은 정말 어렵고 고단한 일이다. 특히 이런 작업은 반복해서 해야 할 경우가 많기에 더욱 그렇다. 나의 경우 사람들에게 장애에 관해 이야기할 기회를 대체로 환영하는 편이지만 모두가 그런 것은 아니다. 장애인들이 항상 자기 삶에 영향을 미치는 문제를 설명할 준비가 되어 있을 것으로 기대하는 것은 무리다.

장애인과 장애인의 작업을 인정하되 때로 주목하며 부각하는 것은 매우 중요하다. 장애인 커뮤니티는 통계적으로 볼 때 사회·경제적으로 불리한 처지라는 점을 기억하자. 블로그 게시물, 연설, 접근성 컨설팅 등 장애인에게 어떤 작업을 요청할 때는 반드시 공정하게 보상해 주어야 한다. 장애인 역시 생계를 유지해야 하는 사람들이다.

실수를 인정하고 필요하다면 사과하자

진정한 연대라도 항상 원만하고 간단하며 명쾌할 수는 없다. 특정 상황에 어떻게 대처해야 할지 확신이 없을 때도 있다. 나를 포함한 모든 사람은 미래의 언젠가는 실수를 하고 오해를 겪을 수 있다. 만약 그런 일이 발생한다면, 즉 접근성 없는 이벤트를 개최한다거나 비장애 중심적인 발언을 하거나 예의에 어긋나는 실수를 저지르거나 했을 경우, 더 나아질 방법을 곰곰이 생각해 보자. 누군가가 실수를 지적하고 책임을 지도록 요구한다면 당연히 불편한 기분이 들고 방어적인 감정을 느낄 수 있다. 하지만 자신을 감싸고 싶은 충동에 따르는 대신 잠시만 시간을 내어 자기가 느낀 감정을 돌아보자. 스스로 묻고 답해 보자. 상대방에게 상처나 피해를 준 상황에서 나에게 집중하고 나를 옹호하는 것이 맞는가, 아니면 이것을 학습의 기회로 삼아 상처와 피해를 줄이는 편이 나을까? 내가 바라는 것은 두 번째 선택이다.

그러고 나서 가능하다면 먼저 나서서 사과해 보자. 죄책감을 덜기 위해서가 아니라 진정한 열린 마음과 배우려는 의지를 갖고 사과해 보자. 물론 쉽지 않다. 마법 같은 해결책도 되지 않을 것이다. 하지만 이는 장애인 커뮤니티를 존중하는 방식으로 나아가는 첫걸음이 될 수 있다. 장애 정의 활동가 미아 민거스(Mia Mingus)는 그녀의 블로그에서 책임진다는 것의 의미를 이렇게 설명한다. "진짜 책임을 진다는 것은 사과하는 것뿐만 아니라, 그 행동이 자신과 다른 사람들에게 미친 영향을 이해하고, 그 영향에 대한 보상이나 교정을 통해 상처를 입은 당사자에게 보상하는 것입니다." 그리고 이렇게 덧붙였다. "가장 중요한 것은 자기 행동을 변화시켜 상처, 폭력 및 학대가 다시는 발생하지 않도록 하는 것입니다." 이처럼 책임과 연대는 부단히 계속되는 노력이라는 걸 항상 기억하자.

가장 중요한 것은 계속해서 배우는 것

장애에 대한 편견이 전방위적으로 퍼부어지는 세상이다. 이런 세상에서 오랜 시간 품고 있던 편견과 오해를 버리는 것은 매우 어려운 일일 수 있다. 복잡한 장애 문제를 이해하려는 것이 쉬운 일이 아니라는 것도 안다. 특히 사회가 불공평하고 심대한 변화가 필요한 상황에서는 더 그렇다. 비장애중심주의가 깊이 뿌리내리고 있는 사회 구조에서 앞으로 밀고 나아가려고 애쓰는 고군분투가 과연 얼마나 가치 있는 것일지 고민스러울 때도 많았다. 아무리 열심히 노력해도 가파른 언덕 위로 바위를 밀어 올리는 것 같고, 혹은 그 언덕에 놓인 계단 맨 아래 붙박힌 느낌을 받기도 한다.

　나는 대중을 고무시키는 연설가가 아니지만 지금은 체념하는 태도를 취할 때가 아니다! 낙담하고 좌절감을 느낄 때마다 이렇게 말해 보자. 단 한 사람이라도 관점을 변화시키고 마음을 바꾸면 커다란 파동을 일으킬 수 있다고 말이다. 이 책이 그렇게 가 닿은 파동이었기를, 장애인 커뮤니티의 말과 지혜의 바다에 던진 작은 돌멩이였기를 바란다. 장애를 인간 경험의 일부로 이해하는 파동의 시작은 그 바다 어디쯤 던진 돌멩이였을 테니까.

　이 여정에 내가 작은 부분이나마 함께할 수 있어서 기쁘다. 모두 함께 계속 앞으로 나아가기를.

참고 자료

장애 경험이 하나만이 아니며 더 많은 것을 배워보라고 권했을 때 어디서부터 시작해야 할지 막막해하는 사람들이 많다. 다음에 제시하는 목록은 이런 독자들을 위해 추천하고 싶은 책, 영화, 온라인 동영상, 그리고 해시태그들이다. 이들을 통해 장애에 대해 더 많이, 더 꾸준히 알아보고 경험하기 바란다. 이 책을 집필하면서 저자가 참고한 문헌과 자료 전체는 다음 사이트에서 살펴볼 수 있다.

www.wordsiwheelby.com/demystifying-disability-bibliography.

책

About Us: Essays from the Disability Series of the New York Times. Edited by Peter Catapano and Rosemarie Garland-Thomson. New York: Liveright, 2019.

All the Weight of Our Dreams: On Living Racialized Autism. Edited by Lydia X. Z. Brown, E. Ashkenazy, and Morénike Giwa Onaiwu. Lincoln, NE: DragonBee Press, 2017.

Being Heumann: An Unrepentant Memoir of a Disability Rights Activist. Judith Heumann and Kristen Joiner. Boston: Beacon Press, 2020.

Black Disabled Art History 101. Leroy F. Moore Jr. Edited by Nicola A. McClung and Emily A. Nussbaum. San Francisco: Xochitl Justice Press, 2017.

Care Work: Dreaming Disability Justice. Leah Lakshmi Piepzna-Samarasinha. Vancouver: Arsenal Pulp Press, 2018.

The Collected Schizophrenias: Essays. Esmé Weijun Wang. Minneapolis: Graywolf Press, 2019.

The Color of My Mind: Mental Health Narratives from People of Color. Dior Vargas. Berkeley, CA: Reclamation Press, 2019.

Disability Visibility: First-Person Stories from the Twenty-First Century. Edited by Alice Wong. New York: Vintage Books, 2020.

Disfigured: On Fairy Tales, Disability, and Making Space. Amanda Leduc.

Toronto: Coach House Books, 2020.

Don't Call Me Inspirational: A Disabled Feminist Talks Back. Harilyn Rousso. Philadelphia: Temple University Press, 2013.

Golem Girl: A Memoir. Riva Lehrer. New York: One World, 2020.

Haben: The Deafblind Woman Who Conquered Harvard Law. Haben Girma. New York: Twelve, 2019.

Hearing Happiness: Deafness Cures in History. Jaipreet Virdi. Chicago: University of Chicago Press, 2020.

Lost in a Desert World: An Autobiography. Roland Johnson. Philadelphia: Speaking for Ourselves, 1994.

Loud Hands: Autistic People, Speaking. Edited by Julia Bascom. Washington, DC: Autistic Self Advocacy Network, 2012.

My Body Politic: A Memoir. Simi Linton. Ann Arbor: University of Michigan Press, 2006.

The Pretty One: On Life, Pop Culture, Disability, and Other Reasons to Fall in Love with Me. Keah Brown. New York: Atria Books, 2019.

Say Hello. Carly Findlay. Sydney: HarperCollins Australia, 2019.

Sick: A Memoir. Porochista Khakpour. New York: Harper Perennial, 2018.

Sitting Pretty: The View from My Ordinary Resilient Disabled Body. Rebekah Taussig. New York: HarperOne, 2020.

Skin, Tooth, and Bone: The Basis of Movement Is Our People, A Disability Justice Primer. Patty Berne and Sins Invalid, 2019.

Strangers Assume My Girlfriend Is My Nurse. Shane Burcaw. New York: Roaring Brook Press, 2019.

Stutterer Interrupted: The Comedian Who Almost Didn't Happen. Nina G. Berkeley, CA: She Writes Press, 2019.

Sustaining Spirit: Self-Care for Social Justice. Naomi Ortiz. Berkeley, CA: Reclamation Press, 2018.

Too Late to Die Young: Nearly True Tales from a Life. Harriet McBryde Johnson. New York: Picador, 2006.

What Can a Body Do?: How We Meet the Built World. Sara Hendren. New York: Riverhead Books, 2020.

영화

Bottom Dollars. Directed by Jordan Melograna. Rooted in Rights, 2017.

Code of the Freaks. Directed by Salome Chasnoff. Kino Lorber, 2020.

Crip Camp: A Disability Revolution. Directed by James LeBrecht and Nicole Newnham. Higher Ground Productions, 2020.

Fixed: The Science/Fiction of Human Enhancement. Directed by Regan Brashear. Making Change Media, 2014.

Intelligent Lives. Directed by Dan Habib. LikeRightNow Films LLC, 2018.

Jeremy the Dud. Directed by Ryan Chamley. genU and Geelong's Robot Army Productions, 2017.

The Kids Are All Right. Directed by Kerry Richardson. 2005.

Lives Worth Living. Directed by Eric Neudel. Independent Television Service, 2011.

Sins Invalid: An Unshamed Claim to Beauty. Directed by Patty Berne. New Day Films, 2013.

Trust Me, I'm Sick. Arlo Pictures and Suffering the Silence. 2020.

Unrest. Directed by Jennifer Brea. Shella Films and Little by Little Films, 2017.

Who Am I to Stop It? Directed by Cheryl Green and Cynthia J. Lopez. StoryMinders and Eleusis Films, 2016.

온라인 영상

"3 Ways to Make Your Content More Accessible for Disabled People." Andrea Lausell. March 31, 2020. https://youtu.be/VtMEUGM15dU.

"5 Phrases Disabled People Are Tired Of | Decoded." MTV Impact, November 2, 2018. https://youtu.be/7DSL-2hsRk8.

"Casual Ableist Language." Annie Elainey. April 5, 2016. https://youtu.be/a1rrSXkFqGE.

"Comedian Laurence Clark Demonstrates Why He Hates Being Called Inspiring." Laurence Clark. August 25, 2012. https://youtu.be/fx9fAEJeIoE.

"Dating Struggles for People with Disabilities." Sitting Pretty Lolo. October 15, 2017. https://youtu.be/LXtIWb7ioPc.

"Disability Sensitivity Training Video." DCGovernment, October 2, 2014. https://youtu.be/Gv1aDEFlXq8.

"Don't Look Down on Me." Jonathan Novick. August 7, 2014. https://youtu.be/mD_PWU6K514.

"How I Drive from a Wheelchair!!" Roll with Cole & Charisma. January 9, 2019. https://youtu.be/8Q2gS-01-X0.

"How To Cuddle—5 Amazing Cuddling

Tips." Squirmy and Grubs. July 12, 2018. https://youtu.be/TPnotWtuSOo.

"I Got 99 Problems . . . Palsy Is Just One." Maysoon Zayid, TED. December 2013. https://www.ted.com/talks/maysoon_zayid_ i_got_99_ problems_palsy_is_just_one.

"I'm Not Your Inspiration, Thank You Very Much." Stella Young,

TED. April 2014. https://www.ted.com/talks/stella_young_i_m_not_ your_ inspiration_thank_you_very_much.

"In My Language." Silentmiaow. January 14, 2007. https://youtu.be/JnyIM1hI2jc.

"Judy Heumann Fights for People with Disabilities." Drunk History, Comedy Central. February 20, 2018. http://www.cc.com/video-clips/2p86bgdrunk-history-judy-heumann-fights-for-people-with-disabilities.

"Navigating Life as a Deaf and Hearing Couple." Chella Man. February 27, 2020. https://youtu.be/AjYz8ni1VFM.

"Zach Anner & The Quest for the Rainbow Bagel." Cerebral Palsy Foundation. March 20, 2017. https://youtu.be/LhpUJRGrZgc.

해시태그

#AbleismExists
#AccessIsLove
#ActuallyAutistic
#BlackDisabledLivesMatter
#CripTheVote
#DisabilitySolidarity
#DisabilityTooWhite
#DisabilityTwitter
#DisabledAndCute
#DisHist
#InaccessibilityMeans
#ItsAccessibleBut
#NoBodyIsDisposable
#SuckItAbleism
#ThingsDisabledPeopleKnow

장애를 표현하는 용어

사용할 수 있는 것	사용하지 말아야 할 것
• disability/disabled • person with a disability/disabled person	× differently abled (unless preferred) × handi-capable × handicap/handicapped × special needs (unless preferred)
• has a disability • is disabled	× afflicted by × suffers from × victim of
• person who is able to	× high functioning
• person who is unable to • person with high support needs	× low functioning
• neurodivergent • person with Autism/Autistic person • person with a cognitive disability/ cognitively disabled person • person with an intellectual disability/ intellectually disabled person • person with a learning disability/ learning disabled person	× mentally challenged × mentally handicapped × mentally retarded × slow × special-ed
• able-bodied (if not physically disabled) • does not have a disability • neurotypical (if not neurodivergent) • nondisabled	× normal × regular
• person who uses a wheelchair • wheelchair user	× wheelchair-bound × confined to a wheelchair
• little person • person of short stature • person with dwarfism/dwarf	× midget
• person with a mental health disability • person with mental illness/ mentally ill person • person with a psychiatric disability/ psychiatrically disabled person	× crazy × disturbed × insane × lunatic × mad × psychotic
• person with a physical disability/ physically disabled person	× cripple × gimp × invalid × spaz
• accessible parking/restroom	× disabled restroom × handicapped parking

찾아보기

ㄱ

간주역량(presume competence) 141

공정노동기준법(Fair Labor Standards Act, FLSA) 69, 102

교차성(intersectionality) 48, 49, 202

그린 마운틴(Green Mountain Self-Advocates) 93

ㄷ

동료 지원(peer-support) 96

ㅁ

미국장애인법(Americans with Disabilities Act, ADA) 20, 81, 85, 116

ㅂ

블랙 팬서(Black Panther Party) 76, 77

ㅅ

사람우선언어(Person-first language, PFL) 24, 26, 27, 28, 30, 32

사람우선운동(People First Movement) 28

신경다양성(neurodiversity) 93, 94, 95

신경다양인(neurodivergent) 94

신경전형인(neurotypical) 94

ㅇ

어글리법(Ugly Laws) 75

언더그라운드 레일로드(Underground Railroad) 64

영감을 주는 포르노 171, 172, 173, 175, 180, 190

올름스테드(Olmstead) 판결 83

유아화(infantilization) 140

ㅈ

자기옹호운동(Self-Advocacy Movement)	91, 92, 93
자기자극행동(stimming)	147
자립생활 운동(Independent Living Movement)	88, 89
장애권리(Disability Rights)	90, 91
장애인교육법(Individuals with Disabilities Education Act, IDEA)	75
장애인재활법(Rehabilitation Act)	75, 76
장애정의(Disability Justice)	89, 90, 91
전국 신체장애인 고용주간(National Employ the Physically Handicapped Week)	70
전장애포괄(cross-disability)	87, 89
정신질환생존자운동(Psychiatric Survivors Movement)	95
정체성우선언어(Identity-first language, IFL)	24, 25, 26, 27, 28, 31, 32

ㅋ

캐피톨 크롤(Capitol Crawl)	81

ㅍ

패럴림픽(Paralympic Games)	79, 133, 151
피플 퍼스트(People First)	92

ㅎ

행동으로 가득 찬 10년 (actio-packed decade)	74
환자경험자 운동 (Ex-patient Movement)	95

215

다양한 몸과 생각의 공존을 위한 이야기
장애, 이해하고 있다는 오해

초판 1쇄 발행　　2025년 6월 1일

지은이　　　에밀리 라다우
옮긴이　　　이영주
편집진행　　장현주, 권구훈
디자인　　　우유니

펴낸이　　　이찬승
펴낸곳　　　교육을바꾸는책
출판등록　　2012년 4월 10일 | 제313-2012-114호
주소　　　　서울시 마포구 양화로 7길 76, 평화빌딩 3층
전화　　　　02-320-3600(경영) 02-320-3604(편집)
팩스　　　　02-320-3611

홈페이지　　http://21erick.org
이메일　　　gyobasa@21erick.org
유튜브　　　youtube.com/user/gyobasa
블로그　　　https://blog.naver.com/gyobasa_edu
트위터　　　twitter.com/GyobasaNPO
인스타그램　instagram.com/gyobasa

978-89-97724-38-3 (03330)

• 책값은 표지 뒤쪽에 적혀 있습니다.
• 잘못 만든 책은 구입하신 서점에서 바꾸어 드립니다.